BILBO

JEUNESSE

Les Idées noires d'Amélie Blanche

roman

Du même auteur

Le Verbe cœur, poésie, la courte échelle, 2002.

Marie Quatdoigts, roman, Québec Amérique, 2002.

Les Idées noires d'Amélie Blanche

ROGER DES ROCHES
ILLUSTRATIONS : CARL PELLETIER

QUÉBEC AMÉRIQUE Jeunesse

Données de catalogage avant publication (Canada)

Des Roches, Roger
Les Idées noires d'Amélie Blanche
(Bilbo jeunesse ; 122)
(Marie ; 2)
Pour les jeunes.
ISBN 2-7644-0275-9
I. Titre. II. Collection. III. Collection : Des Roches, Roger. Marie ; 2.
PS8557.E87I33 2003 jC843'.54 C2003-940737-3
PS9557.E87I33 2003
PZ23.D47Id 2003

Nous reconnaissons l'aide financière du gouvernement du Canada par l'entremise du Programme d'aide au développement de l'industrie de l'édition (PADIÉ) pour nos activités d'édition.

Gouvernement du Québec – Programme de crédit d'impôt pour l'édition de livres – Gestion SODEC.

Les Éditions Québec Amérique bénéficient du programme de subvention globale du Conseil des Arts du Canada. Elles tiennent également à remercier la SODEC pour son appui financier.

Québec Amérique
329, rue de la Commune Ouest, 3e étage
Montréal (Québec) H2Y 2E1
Téléphone : (514) 499-3000, télécopieur : (514) 499-3010

Dépôt légal : 3e trimestre 2003
Bibliothèque nationale du Québec
Bibliothèque nationale du Canada

Révision linguistique : Andrée Laprise
Mise en pages : Andréa Joseph [PageXpress]
Réimpression octobre 2003

À Ève.
Elle m'a donné quelques idées
(vous lui demanderez lesquelles),
et moi, je lui ai emprunté une expression
(mais je ne vous dirai pas laquelle).

Du bon chocolat aux piments

Quoi? Non, Robert! Tu te trompes! Tu te trompes énormément! Sur toute la ligne! Tu n'y es pas du tout, mais là, *pas du tout*!

Non, ce n'est pas Pinotte qui m'a fait pleurer.

D'ailleurs, depuis quand Pinotte me fait-il pleurer? Hein, dis-moi?

Et de toute façon, qu'est-ce qui te fait croire que je pleurais?

Ai-je l'air, moi, d'une fille qui pleurerait assise toute seule à une table de cafétéria, alors que plein de gens autour pourraient la surprendre? C'est mal me connaître, Robert! Et puis, je...

J'ai les yeux tout rouges? Tout bouffis? Je renifle? J'ai l'air pâle et désemparée?

Minute! Si j'ai les yeux rouges et si je renifle, c'est que... ben... c'est que je suis allergique.

Voilà! Allergique!

À quoi?

Heu...

Aux poils de chat! Voilà: je suis allergique aux poils de chat.

Allons donc, pas besoin de me rappeler qu'il n'y a pas de chats à l'école!

Je suis allergique au tout nouveau, tout poilu chat de maman. Il s'appelle Shéhérazade, son chat, et je...

Robert, as-tu l'intention de me contredire toute la journée?

Je sais que, d'habitude, on nommerait une *chatte* Shéhérazade, pas un *chat*. Que veux-tu, maman s'est trompée. Depuis des mois, elle voulait une petite chatte persane, avec le nez écrabouillé et toute poilue, pour remplacer notre vieux matou parti au ciel des matous. À l'animalerie, on lui a présenté une portée de chatons, des mâles et des femelles. Ah! Elle aurait dû mettre ses lunettes, mais elle ne l'a pas fait. Trop coquette. Elle a déclaré à l'employé de l'animalerie: «Je veux cette chatte-là!» Aussitôt, ce dernier a protesté. Il a tenté de lui expliquer: «Attention, madame, vous commettez une grave erreur…» Peine perdue. Maman a fait l'insultée. Elle a dit, d'un ton sec comme un biscuit sec: «Je veux cette chatte-là, jeune homme. Pas celle de gauche, ni celle de droite, et surtout pas celle qui dort tout le temps. Je veux cette chatte-là et aucune autre!»

Elle a donc apporté Shéhérazade à la maison.

Pendant trois semaines, elle a répété: «Shéhérazade, viens ici» et «Shéhérazade, fais pas ça»... jusqu'à ce que, un beau matin, elle s'aperçoive de sa méprise.

Elle a alors voulu changer le nom de son matou. Elle l'a d'abord appelé Bagdad. Puis Bouftout. Puis Ti-gars... Trop tard! Le pauvre chat tout mêlé ne répondait plus qu'à un seul nom: Shéhérazade.

Et moi qui adore les chats, je suis allergique à cette bête-là.

Qui vit dorénavant chez nous et laisse du poil partout.

Voilà donc pourquoi j'ai peut-être les yeux rouges et que, peut-être, je renifle, et que...

Mais j'y pense: ma santé ne semblait pas tellement te préoccuper cet été, n'est-ce pas? Voilà une éternité qu'on ne s'est pas vus... M'avais-tu oubliée?

Occupé?

Tu avais «des choses à faire» et le temps passait si vite, et...

Chaque fois que j'appelais chez toi, ta mère m'affirmait: «Robert est occupé, ma petite Marie.» Ma petite Marie... Depuis quand ta mère m'appelle-t-elle «ma petite Marie»? Enfin... «Robert est *très* occupé, qu'elle me racontait au téléphone. Il te rappellera plus tard.»

Tu ne rappelais jamais.

Ou bien: «Robert est sorti», qu'elle m'annonçait sur un ton bizarre, en hésitant.

Tu sais que tu n'as pas remis les pieds dans les catacombes depuis des semaines?

Elles ne me paraissaient plus les mêmes sans toi, nos catacombes. Je m'y suis réfugiée presque chaque jour, même lorsqu'il pleuvait à boire debout et qu'elles empestaient l'humidité, car je… euh…

Disons que, entre autres, je ne pouvais plus supporter de rester à la maison depuis que maman préparait la grande ouverture officielle de sa chocolaterie, *Le sourire de l'Aztèque*.

Quoi? Oh oui! plutôt joli comme nom, *Le sourire de l'Aztèque*. Maman en a eu l'idée voilà quelques semaines… au beau milieu de la nuit. Elle m'a réveillée pour me l'annoncer: « Le sourire de l'Aztèque! Le sourire de l'Aztèque! » Elle me criait ça dans les oreilles comme s'il s'agissait de l'invention du siècle. Comme si elle venait tout à coup de comprendre les mystères de l'espace-temps ou ceux de la béchamel sans grumeaux.

Pourquoi *Le sourire de l'Aztèque*? Allons, Robert. Tu sais pourtant que les Aztèques ont inventé le chocolat. Ils l'appelaient le *xocoatl*.

Tu aimes le chocolat chaud? Oui? Eh bien, j'ai lu, dans un des bouquins de maman, leur recette: ils mélangeaient des fèves de cacao broyées avec du piment – tu imagines, du piment! – et du gingembre – comme s'il s'agissait de mets chinois! – et du miel; ils mettaient cette mixture à bouillir, la fouettaient pour la faire mousser, puis versaient le tout sur du maïs cuit.

Tu as raison! Ouach! La chocolaterie de maman devrait plutôt s'appeler *La grimace de l'Aztèque*! Comment pouvaient-ils sourire après avoir bu une horreur semblable, je ne comprendrai jamais...

Enfin... Cette nuit-là, j'ai dit à maman qu'on ne pouvait pas trouver plus joli nom, ni plus charmant ni plus vendeur que *Le sourire de l'Aztèque*... juste pour qu'elle me laisse dormir. Mais maman, lorsqu'elle a une idée en tête...

Elle a allumé. Elle s'est assise en tailleur sur mon lit, avec son grand bloc à dessin sur les genoux. Elle s'est mise à griffonner à toute allure: elle voulait créer le logo de sa future chocolaterie... dans mon lit, à trois heures du matin!

Elle voulait que je l'aide!

Comme si je pouvais avoir des idées brillantes, à trois heures du matin!

« Il faut tordre le fer pendant qu'il est chaud!» qu'elle répétait. Pas juste le battre, comme tout le monde, mais le tordre aussi!

J'étais désespérée: elle dessinait, elle dessinait, et moi, j'avais les couvertures sous le menton. Elle me parlait de «projets de vie», de «ressourcement», de «changements de carrière»!

Je voulais seulement dormir.

Dormir, dormir, dormir!

... Tu sais, Robert, parfois, le sommeil, ça aide à guérir les blessures. Ça permet d'oublier. Alors quand ta mère arrive, toute échevelée, dans ta chambre, au beau milieu de la nuit, pour t'expliquer comment sa vie va changer lorsqu'elle va ouvrir sa petite entreprise, alors que toi, tu aimerais mieux te retrouver ailleurs, changer de peau et même de nom, je te dis que…

Quoi? Toute rouge? Je suis toute rouge? Et toute pâle en même temps? J'ai les yeux pleins d'eau?

Qu'est-ce que tu racontes encore, Robert? Qu'est-ce que…

Bon, d'accord.

Peut-être que je suis un peu pâle. Mais juste *un peu*! Et puis, il fait si chaud ici. Pour ce qui est d'avoir les yeux pleins d'eau, alors là… Et j'ai une drôle de voix?

Oublie ça, veux-tu?

Par ailleurs, j'aimerais savoir, mon cher Robert, où tu te cachais, cet été?

Ta mère disait que tu étais occupé. Ou que tu étais ailleurs. Que ton oncle t'avait invité à la campagne, ou alors ta tante ou un arrière-petit-cousin éloigné. Ou bien elle m'annonçait que tu étais au camp de jour… mais elle ne se rappelait plus lequel. Ou que tu avais un rendez-vous chez le dentiste. Ça, c'est la meilleure! Comme si on pouvait avoir besoin d'aller chez le dentiste au beau milieu de l'été!

Pendant ce temps-là, moi, j'étais toute seule dans les catacombes. Dans *nos* catacombes.

La seule bizarroïde du Club des bizarroïdes.

... Quoi? Thomas? Que faisait-il, Thomas, pendant tout l'été?

Ou Tom Pleindpouces, comme l'appelait Pinotte?

Laisse-moi me moucher un instant, veux-tu? Avec ces damnées allergies...

Bon. Voilà...

D'abord, euh... Tu sais à quoi je pensais ce matin en m'éveillant? J'entendais maman qui répétait à tue-tête la petite chanson qu'elle a composée pour les pubs de sa chocolaterie à la radio. Il faisait gris dehors et je ne voulais plus jamais sortir de mon lit. Je me demandais... je me demandais ce que c'était que d'avoir un petit ami...

Tu sais, Robert, je ne veux pas t'embêter avec ça, mais...

... Un petit ami, un *vrai* petit ami, pense les mêmes choses que toi. Pas nécessairement au même moment, car ça deviendrait vite ennuyeux. Et pas nécessairement de la même manière, c'est plus excitant ainsi. Et pas nécessairement pour les mêmes raisons, ce qui permet parfois de se chicaner – de se chicaner pour rire!

Un petit ami, c'est quelqu'un dont le prénom se révèle toujours trop court. Il ne contient jamais assez de syllabes. Lorsque tu penses à lui, le soir dans ton lit, tu voudrais que son prénom dure longtemps, longtemps, jusqu'à ce que tu t'endormes...

Un petit ami, lorsqu'il s'installe à côté de toi, te donne l'impression d'avoir deux cœurs dans la poitrine, tant le tien bat trop fort.

Un petit ami, c'est aussi simple que ça... mais c'est encore plus compliqué. C'est léger, et c'est lourd... Lourd comme une grosse doudou qui te tient au chaud lorsque tu as la fièvre et que tu grelottes...

Eh là ! Tu m'énerves à la fin !

Non, je ne vais pas me mettre à pleurer ! Je n'ai aucune, mais là, *aucune* raison de pleurer. Et si tu continues à insister, plus jamais je ne t'adresserai la pa...

Comment ça : « Arrête de conter des menteries » ?

Qu'est-ce que tu dis ? Moi, Marie Gadouas, je serais comme un grand livre ouvert et toi, Robert Dumas, tu pourrais lire entre les lignes ?

Jamais je n'ai entendu quelque chose d'aussi...

Bien sûr que tu es mon ami! Et moi aussi, je suis ton...

Les amis, ça se dit tout? Bien sûr, mais...

Ah! Et puis, tu as raison...

Tiens, prends un chocolat. Il est aux pistaches. Moi, je vais en prendre deux à l'érable. Oui, Robert, deux! Il paraît qu'il n'y a pas de meilleur remède pour le moral que le chocolat.

... Tu sais, je n'ai jamais écrit de journal intime. D'ailleurs, je mettrais ma main au feu que toi non plus, tu n'en as jamais écrit. Nous, les Bizarroïdes, nous n'avons pas besoin de raconter nos vies dans des journaux intimes! Mais si j'en écrivais un, ces jours-ci, j'écrirais sans doute: «Cher journal, aujourd'hui, ça ne va pas bien...»

Et puis non, je ne commencerais pas ainsi. J'écrirais plutôt: «Chers amis transparents...» Je t'ai déjà parlé de mes amis transparents. Tu te souviens, n'est-ce pas? Lorsque j'étais toute petite, je n'avais pas de vrais amis; j'avais des amis imaginaires. Je les appelais «mes amis transparents». Ils m'accompagnaient partout. Ils jouaient tous les jours avec moi. Je pouvais leur raconter n'importe quoi.

Aujourd'hui, je leur dirais ceci:

«Chers amis transparents, voilà quelques semaines, j'avais un petit ami. Il s'appelait Thomas. Il avait douze doigts et les plus belles mains du monde... Mais aujourd'hui, je n'ai plus de petit ami...»

Qu'est-il arrivé?

J'ai été la victime du *Destin,* Robert! Du Destin avec un *d* majuscule et de longues griffes pointues!

Voilà pourquoi j'ai tenté de te parler tout l'été. Pour te raconter mon malheur.

En discuter avec ma mère? Avec sa chocolaterie qui fonctionne comme une usine de bottes de pluie pendant une inondation, ma mère n'a pas le temps de m'écouter. Inutile de lui confier que je suis malheureuse comme les pierres, que je n'ai plus de petit ami, que je ne reverrai plus jamais Thomas.

Mon père? Bah! Je ne l'ai à peu près pas revu depuis mon anniversaire. Parti au Japon, en voyage d'affaires, pour vendre ses toutes nouvelles niches intérieures pour chien. De toutes petites niches à chien, car au Japon, les gens vivent dans des appartements minuscules.

... Savais-tu que la mère de Thomas est major dans l'armée? Eh oui, « madame la major » qu'on l'appelle. Au travail, elle porte l'uniforme. Avec des galons et plein de médailles. En vérité, les médailles, elle ne les porte que lors de grandes occasions, mais enfin...

Savais-tu qu'un militaire, même lorsqu'il s'agit de la mère d'un fils unique, peut être appelé à tout moment à se déplacer? À tout moment, on peut lui ordonner de changer de ville, de province et même de pays. « Madame la major, diront tout à coup les généraux, votre nation a besoin de vous au Sud-Woujiboujiskev, qui est un peu plus loin que l'autre bout du monde... » Madame la major doit suivre les ordres, que ça lui chante ou pas, que son fils unique ait ou pas une petite amie unique. Elle doit alors plier bagages, et prendre le train, le bateau et l'avion pour le Sud-Woujiboujiskev. Sans commentaires, sans protestations, sans surtout poser de questions!

Imagine: la mère de Thomas venait d'acheter une maison dans le quartier! Elle avait à peine eu le temps d'accrocher les rideaux et de choisir la couleur de la salle de bains. Et moi, Thomas, je croyais... eh bien, je croyais qu'il serait là pour toujours.

Comme toi, Robert.

Enfin, pas tout à fait de la même manière, tu comprends,

mais presque. Juste un peu plus. Ou juste…

… Enfin voilà : il y a quelques semaines, j'avais un petit ami, et aujourd'hui…

je n'en ai plus…

Thomas est parti !

Disparu ! Évaporé ! Désintégré ! Volatilisé !

Il n'y a plus de service au numéro que vous avez composé !

Fichier introuvable !

… Où demeure-t-il maintenant ?

Je ne sais pas. Ou plutôt oui, je sais, mais je suis incapable de prononcer le nom de la ville où sa mère et lui ont été mutés !

On s'est écrit, bien sûr. Thomas m'a écrit une belle lettre dès son arrivée à Je-ne-saispas-trop-où-mais-c'est-trop-loin-pour-y-aller-en-patins-à-roues-alignées. Tu aurais dû voir les timbres bizarres qu'il y avait sur cette enveloppe-là ! Sur l'un d'eux, on pouvait voir une tarentule !

Je lui ai répondu aussitôt. Je suis allée à la librairie Belles Phrases acheter un superbe papier à lettres, épais comme du carton, et je lui ai écrit une lettre de trois pages avec des stylos de toutes sortes de couleurs.

Des courriels? Oh oui ! Car des lettres, ça prenait des jours et des jours à se rendre, comme si elles voyageaient à dos d'âne ou d'iguane.

Un jour, les courriels ont commencé à se perdre, à s'effacer, à arriver remplis de caractères bizarres, puis à ne plus arriver du tout…

T'ai-je dit ce qui me rend le plus triste, Robert? À part, bien sûr, le départ de Thomas. Ce qui me rend très triste, c'est que parfois, lorsque je ferme les yeux, je n'arrive plus à voir son visage...

Oh! J'y pense! Combien de temps nous reste-t-il avant que la cloche sonne?

Zut! Nous n'aurons même pas le temps d'aller dans les catacombes!

Et toi qui n'as rien mangé, ce midi! Tu n'as même pas touché à ton sandwich aux asperges! Ton estomac va gargouiller et vacarmer tout l'après-midi! Tes voisins n'entendront rien à ce que la prof va dire!

Eh ben, mon vieux, ça m'étonne que tu aies survécu toutes ces semaines sans quelqu'un comme moi pour veiller sur toi!

Mais ça va changer, crois-moi!

Je me secoue!

Voilà! Finie la tristesse!

Regarde: plus une seule larme dans mes yeux! Et je vais même *sourire*. Oui: SOURIRE…

En passant, mon cher Robert, tu devrais sourire aussi.

Car… je suis de retour! Marie Quatdoigts est de retour!

Oui, et toi aussi tu es de retour, comme avant. Le Club des bizarroïdes peut maintenant revivre!

Euh… tu veux réintégrer le Club des bizarroïdes, n'est-ce pas?

Ouf! J'ai eu peur pendant quelques secondes!

Tiens, prends au moins une tablette de chocolat. Celle-là,

c'est *Le sourire sombre de l'Aztèque*. Du chocolat noir à 70% de cacao. Ça devrait te tenir éveillé pendant quelques heures…

… Mais avec toutes mes histoires, on n'a pas parlé de toi. Pendant que je jacassais, tu es resté là, immobile comme une statue, presque sans ciller. Je parlais, je parlais, comme s'il n'y avait que moi au monde.

On parle de toi maintenant!

Où étais-tu? Que faisais-tu? Dis-moi tout! T'es-tu amusé, au moins, chez ton oncle, ta tante, ton arrière-petit-cousin éloigné, chez le dentiste? L'école a recommencé depuis plus d'une semaine: ta prof est-elle gentille? Et puis…

Oh! Attends!

J'ai une question tellement *beaucoup* plus importante à te poser!

Robert Dumas: as-tu enfin une petite amie?

Quoi? Tu ne réponds pas? Monsieur fait le discret, maintenant? Ne dis rien alors! Je vais tenter de deviner!

Hum… Qui cela pourrait-il bien être?

Kim, la petite Chinoise de la classe de madame Maude? Non. Trop sportive. Pas ton genre. Fatima, alors, la bolée en maths? Non, je crois qu'elle a déjà un…

Ah! J'ai trouvé! Je sais qui est ta petite amie!… Et je la vois d'ailleurs qui s'approche de notre table!

Tu rougis, Robert?

Allons! Arrête de rougir comme ça: tes cheveux vont s'enflammer!

Permets-moi de te féliciter. Tu as fait un très bon choix: la fille la plus mystérieuse de l'école ! Tout le monde ne parle que d'elle.

Tu sais ce qu'elle m'a dit la première fois que je l'ai croisée dans le corridor ? Elle m'a lancé : « Est-ce que je dois te détester, toi aussi ? »

Tout de suite, j'ai compris que j'avais affaire à quelqu'un de spécial.

Chut ! Elle arrive !

Bonjour Amélie Blanche ! Comment ça va ce midi ?

Journal intime de Robert Dumas

Ce journal contient des secrets terribles que je n'avouerai jamais à personne, même sous la pire des tortures!

Plusieurs semaines après...
tu sais quoi

Cher journal,
Te souviens-tu de moi?

J'étais celui qui, parfois et même un peu souvent, te racontait sa vie.

Pendant quelque temps, toutefois, je t'ai laissé dormir, caché sous mon matelas : je n'avais plus rien à dire.

Ou plutôt, oui, j'avais plein de choses à te confier, mais je n'avais pas le goût, mais là pas du tout le goût de relire mes propres lamentations.

Pendant tout ce temps, j'avais le cœur gros.

Non! Pas gros: immense! Et tout mouillé.

Maintenant, disons que ça va mieux. Mais pas pour les bonnes raisons.

Voilà plus d'une heure que je veux écrire la question qui va suivre. J'ai peur de tracer ces mots-là sur le papier.

Bon. Voilà. Courage!... Je me lance! (Je t'en prie, ne sois pas trop sévère envers moi...)

Le malheur des uns peut-il faire le bonheur des autres?

Oui, oui, oui! Je sais! Tu me traites de tous les noms, n'est-ce pas? «Ignoble individu! Espèce d'égoïste! Être insensible! Faux ami! Pire que tout... et moins que rien!» Tu as raison, cher journal, oui, tu as mille fois raison! Pourtant, je n'y peux rien!

J'ai pourtant essayé. Depuis deux ou trois jours, je tente désespérément de me sentir triste. Ou plutôt de ressentir ne serait-ce qu'une infime petite partie de la tristesse de Marie… mais je n'y parviens pas! C'est comme si une petite voix dans ma tête, aiguë et ricaneuse, me répétait à tout instant: «Il est parti! Il est parti! Youpi! Maintenant, Marie n'a plus que toi!»

Comment m'y prendre pour faire taire cette damnée petite voix-là?

▲ ▲ ▲

Lorsque j'ai rencontré Amélie Blanche pour la première

fois, je tremblais comme une feuille.

On aurait cru que, cette année, la rentrée scolaire avait lieu en octobre ou même en novembre, tant il faisait froid! D'épais nuages roulaient très bas dans le ciel, poussés par un vent glacial qui s'était sûrement trompé de saison. Des gouttes de pluie nous tombaient dessus de temps à autre. «À quand la neige?» que je me disais. Je me demandais pourquoi les profs n'ouvraient pas immédiatement les portes du gymnase afin de nous laisser entrer.

J'avais à peine mis les pieds dans la cour de récréation – je n'avais vu Marie nulle part, ouf! – que Pinotte avait déjà réussi à me bousculer deux fois.

À chaque occasion, je l'avais entendu ronchonner quelque chose qui ressemblait à:

— Gnon gnon gna gnon gnognon!

Pinotte a beaucoup évolué durant les vacances. Avant il savait à peu près parler, alors que maintenant...

(Petit détail qui pourrait t'intéresser: il a changé de coiffure, notre beau Pinotte. Finis les pics et les kilos de gel. Cette année, il a le crâne complètement rasé, sauf pour une grosse mèche de cheveux gras qui pend sur son front et y dessine comme un point d'interrogation. L'idée lui serait-elle venue dans un cauchemar?)

Je me suis relevé (car, bien sûr, Pinotte m'avait fait tomber) et j'ai tenté d'enlever la boue qui ornait maintenant mon beau jean neuf de début d'année scolaire.

Alors que je découvrais également à mon jean neuf une longue déchirure au genou gauche, une fille passa devant moi, lentement, précédée et suivie par un parfum de muguet qui, malgré le froid, me rappela soudain le printemps. Elle dit d'une voix grave:

— L'enfer, c'est les autres!

Elle s'arrêta à quelques pas de moi.

Je ne bougeais plus.

Comment te la décrire, cher journal?

Toute de noir vêtue: chandail noir, jupe noire, collants noirs, ballerines noires.

Elle avait de longs cheveux noirs, très droits, qui lui descendaient presque jusqu'à la taille.

Elle portait un béret noir.

Et, malgré les nuages menaçants et le temps tellement plus que maussade, elle portait des lunettes de soleil noires.

Elle était pâle. Très pâle. Elle avait l'air à la fois dégoûtée et en colère. Elle tournait la tête à gauche, puis à droite, puis à gauche encore, comme si elle cherchait quelque chose, mais devinait déjà qu'elle ne trouverait pas.

(Depuis quelques mois, en prenant son petit-déjeuner, ma mère écoute toujours le même CD, celui d'une chanteuse française de voilà un ou deux siècles : Juliette Gréco. Je ne sais pas ce qu'elle lui trouve, car jamais on n'entend de guitare électrique dans ses chansons. Mais lorsque j'ai vu cette fille debout dans la cour de récréation, j'ai aussitôt pensé :

«Tiens, voilà Juliette Gréco en miniature!»)

M'avait-elle adressé la parole pour de vrai ou avait-elle simplement parlé toute seule à voix haute?

Pouvais-je m'approcher? Me présenter?

— B-b-bonjour, je m'ap-p-pelle R-r-robert.

Elle venait sans doute d'emménager dans le coin et se sentait dépaysée dans cette cour d'école où, à part Pinotte et sa bande qui couraient dans tous les sens, élèves, parents et profs semblaient figés sur place.

Qu'aurais-je bien pu lui dire?

— Crois-tu que nous aurons de la neige aujourd'hui?

On raconte que les filles adorent les garçons qui font preuve d'humour. C'est du moins ce que prétend ma mère… parce qu'elle sait que je suis roux et qu'il faut une bonne dose d'humour pour survivre à ça!

J'aurais aussi pu lui dire:

— Le noir te va très bien.

J'ai baissé les yeux à cet instant et j'ai vu mon jean sale et déchiré. Comment donc oserais-je complimenter cette fille sur ses choix vestimentaires alors que moi, j'avais l'air d'avoir rencontré une tornade sur la route de l'école?

La nouvelle a tourné la tête vers moi. Elle a fait la grimace. Elle a eu un long soupir, puis elle s'est approchée.

Bras croisés, elle a attendu quelques secondes avant de lancer:

— Je m'appelle Amélie Blanche. Dis-moi: est-ce que je dois te détester toi aussi?

Cher journal, je passe enfin aux aveux:

J'ai évité Marie tout l'été.

Maman ne comprenait pas pourquoi je ne répondais plus au téléphone.

— Pas là! que je hurlais lorsque le téléphone sonnait.

— Mais si c'est Marie, qu'est-ce que je vais lui raconter?

— Sais pas!

— Robert, tu m'obliges à mentir! répliquait-elle, chaque fois un peu plus affolée.

Il lui fallait donc inventer un nouveau mensonge. De jour en jour, je l'entendais qui s'embrouillait dans ses histoires. Et, moi, au fond de ma chambre, j'avais les larmes aux yeux...

Tu me comprends, n'est-ce pas? Tu sais que depuis l'arrivée de Thomas, plus rien n'était comme avant : Marie avait dorénavant un petit ami. Malgré tous mes rêves éveillés et mes rêves endormis, ce n'était pas moi, son petit ami.

Au début, j'ai fait de gros efforts. J'ai suivi deux fois Marie et Thomas dans les catacombes. « Le nouveau Club des bizarroïdes ! » que disait Marie. Ouais…

Je les ai accompagnés au cinéma, une fois seulement, et puis j'ai souri, et j'ai fait des blagues, et Marie riait, son Thomas aussi, mais j'avais la curieuse – et surtout douloureuse – impression que je devenais peu à peu transparent à leurs yeux. Et inutile. Comme la troisième roue d'une bicyclette. Ou la troisième bosse d'un chameau.

Même si Marie restait gentille, je rentrais chez moi chaque fois un peu plus morose.

Un après-midi, je me suis assis sur mon lit et j'ai songé: «Eh bien, mon Robert, tu es seul maintenant.»

Je me suis demandé ensuite: «Oui, mais pourquoi?»

Il n'y avait qu'une seule réponse: «Parce que...»

Parce que c'est comme ça, la vie. Parce que le hasard fait parfois mal les choses. Parce qu'il faut respecter les choix de ses amis. Parce qu'on ne doit jamais faire de crises de jalousie. Parce que... parce que...

C'est à cause de tous ces «parce que» que j'ai passé l'été à éviter Marie...

... et à m'ennuyer...

... comme un idiot!...

... Car, cher journal, si j'avais répondu au téléphone une fois, rien qu'une fois, j'aurais compris qu'il n'y avait plus aucune raison de bouder dans mon coin.

Je n'avais plus de rival!

J'ai gaspillé mon été à fuir au lieu de me retrouver aux côtés de Marie. Pourtant, je le sais aujourd'hui, elle avait bien besoin de ma présence.

J'ai gaspillé nos deux étés!

Cher journal, la vie est compliquée parfois.

Parfois et même souvent.

Souvent et même tout le temps!

Fin de la parenthèse

Lorsque l'usage de la parole m'est revenu, j'ai dit à Amélie Blanche (tout en hurlant dans ma tête « Dis pas ça, idiot! »):

— T'as un drôle d'accent, Amélie Blanche.

Amélie a grogné, puis, poings sur les hanches, elle a répliqué:

— Alors, môssieur croit qu'il parle correctement? Ton accent n'est pas tellement plus brillant, tu sais!

J'ai bredouillé:

— Euh... je... Je ne voulais pas...

Elle a secoué la tête.

— Paris. Je suis née à Paris. Capitale du monde civilisé! Je suis arrivée ici voilà un peu plus de deux mois...

Puis elle a ajouté, d'une voix sèche:

— Et j'espère bien y retourner, à Paris, le plus rapidement possible!

Elle m'a regardé quelques secondes, puis a continué :

— J'ai un cousin qui est roux. Il s'appelle François-Eusèbe de la Tour Penchée. Je ne peux pas supporter sa présence. Il a de tout petits yeux porcins et il se croit plus rusé que la moyenne des mecs. Dès que nous nous rencontrons dans une fête de famille, la guerre éclate aussitôt.

J'ai cru entendre, derrière moi, un gros rire méchant, auquel répondirent plusieurs autres gros rires méchants. Pinotte avait-il fait une autre victime ce matin? Tentait-il de battre un record personnel dès le premier jour?

— J'imagine que tu vas m'annoncer que je devrais avoir peur de ce garçon? demanda Amélie.

J'ai fait un petit signe de la tête. J'allais préciser (en faisant preuve d'un certain courage) que Pinotte n'osait jamais s'attaquer aux *très jolies filles*, mais Amélie haussa les épaules et dit :

— Peu importe. Je ne ferai pas vieux os ici. Très bientôt, mon père va nous rejoindre et nous ramener à Paris, maman, Iléma et moi. Je t'enverrai une carte postale de chez moi… si j'arrive à me souvenir de ton nom.

J'ai haussé les épaules à mon tour.

— Tu ne connais même pas mon nom, dis-je.

— Peut-être n'ai-je aucun besoin de le connaître.

Cher journal, j'aurais aimé voir les yeux d'Amélie Blanche. Non pas pour me rendre compte s'ils étaient beaux ou pas, azur ou marron ou pistache, mais pour découvrir ce que ses lunettes cachaient par ce matin sans soleil.

Les yeux peuvent parfois contredire nos paroles: on dit une chose, et les yeux en avouent une autre.

Un exemple, si tu me permets. Si Pinotte disait soudain à quelqu'un, la voix mielleuse: «Je t'aime», ses yeux, j'en suis convaincu, diraient tout haut: « Attends que j't'attrape, toi, j'vais t'tordre le cou!»

Que disaient donc les yeux d'Amélie Blanche pendant qu'elle me lançait:

— Je ne sais d'ailleurs même pas pourquoi je t'adresse la parole!

Disaient-ils plutôt: «Je suis nouvelle ici, je ne connais

personne, je voudrais être ailleurs, peux-tu m'aider?»

Amélie frissonna. Elle ajouta:

— Ils aiment les élèves surgelés, dans ton pays?

▲ ▲ ▲

Juste quelques mots
avant d'aller dormir

Cher journal,

Tu te demandes comment j'ai fait, alors que nous fréquentons la même école, pour éviter Marie un jour, deux jours et même un peu plus d'une semaine entière?

Comment j'ai fait? Je me suis fait rare et transparent. J'ai couru vite. J'ai fait la sourde oreille. J'ai fait comme si je n'y étais pas.

... Et j'espérais aussi que, certains matins, j'allais me réveiller et que tout ça n'aurait été qu'un très mauvais rêve.

Tu te demandes également comment donc j'ai fait pour ne pas m'apercevoir, pendant cette première semaine d'école, que Thomas avait disparu?

On dit que l'amour rend aveugle (ma mère me le répète souvent ; me répète-t-elle ça parce qu'elle veut me faire comprendre qu'il faudra qu'une fille perde la vue pour m'aimer?). Oui. L'amour rend aveugle. La tristesse aussi. La jalousie surtout.

Voilà. Je vais dormir maintenant. J'espère que dans mes rêves, j'aurai de longs cheveux blonds tout bouclés. Comme Tim Tom, le chanteur du groupe Les Têtes coupées.

▲ ▲ ▲

La suite de mes incroyables
aventures le premier
jour d'école.

À peine entré dans la classe, j'ai eu droit à ce que les plus grands appellent «Le Regard Noir» de madame Michèle. J'ai frémi. J'ai senti son Regard Noir me traverser, et elle a lancé :

— Toi, tu viens t'asseoir en face de moi.

Je n'avais rien fait, moi !

— J'espère que tu ne mâches jamais de gomme ! a-t-elle ajouté en croisant les bras.

Je déteste mâcher de la gomme ! J'allais le lui jurer, s'il le fallait, sur la tête de Fusée, mon lapin, quand Amélie Blanche est passée devant moi (tu te rends compte ? elle avait gardé son béret et ses lunettes de soleil en classe!) et a remis à notre enseignante une feuille de papier.

Madame Michèle a lu le message, en fronçant les sourcils, puis elle a replié le papier et l'a glissé dans la poche de sa veste. Elle a regardé longuement Amélie, toujours avec son Regard Noir, et a déclaré:

— Va pour les lunettes.

— Merci, madame, a dit Amélie, d'une voix toute douce que je ne lui reconnaissais pas du tout.

— Mais pas de béret dans la classe!

— Bien sûr, madame, a répondu Amélie en faisant disparaître le béret dans son sac à dos.

— J'espère que tu ne mâches pas de gomme.

— Ma mère me l'interdit.

— Tu vas t'asseoir en face de moi.

— Oui, madame.

— Je vais vous avoir à l'œil, moi ! ajouta madame Michèle en balayant la classe du regard.

J'ai alors songé : « Madame Michèle va-t-elle faire asseoir tous les élèves devant son bureau ? »

Elle tapa fort dans les mains et – cher journal, c'est la stricte vérité ! – tous les élèves qui, jusqu'à présent, se promenaient au hasard, se sont retrouvés assis à leur pupitre *instantanément* !

Notre prof s'est mise à marcher de long en large devant la classe.

— Les plus grands vous ont sans doute prévenus, a-t-elle dit d'une voix… orageuse. Ils ont sûrement prétendu que j'étais *sévère*.

J'allais hocher la tête, mais je me suis retenu juste à temps.

— Ils avaient tort! a lancé madame Michèle. Ils avaient *tort*!... Car non seulement suis-je sévère, mais je suis la *plus* sévère de tous les enseignants de l'école Soleil du millénaire!

J'ai avalé ma salive – le peu qu'il m'en restait – avec difficulté.

— Je ne commencerai pas cette première journée de cours en vous dressant la liste de ce que je ne tolère pas...

Elle se tut un instant, puis ajouta:

— ... Car je ne tolère *rien*!

Une voix s'est alors élevée du fond de la classe. Celle d'un garçon qui se nomme Arthur. Il s'agit d'une des nouvelles recrues de Pinotte. La voix d'Arthur est en train de muer.

C'est comme s'il avait un chat dans la gorge, et que ce chat se battait avec un chien.

— Ah ouais! a fait Arthur, mais là, là, c'est pas juste, là, parce que la nouvelle, avec ses lunettes…

J'ai entendu Amélie grogner à ma droite. J'ai cru qu'elle allait répliquer à Arthur. Madame Michèle a grogné plus fort encore:

— La nouvelle, comme tu dis, a un nom. Elle s'appelle Amélie Blanche. Si elle porte des lunettes de soleil, ce n'est pas parce qu'elle se croit à la plage! Son médecin affirme qu'elle souffre de photosensibilité extrême. Ce qui ne veut pas dire qu'elle pleure lorsqu'on la prend en photo, mais que la lumière peut lui faire très mal aux yeux. Amélie pourra donc porter ses lunettes de soleil, même en classe, même dans *ma* classe, mais personne d'autre!

Je me suis demandé, cher journal, avec une espèce de boule dans l'estomac, comment cette nouvelle année allait se dérouler.

Assis devant le gros bureau de madame Michèle, avec Amélie à ma droite et les autres élèves derrière moi – loin, loin derrière moi –, je me sentais seul au monde. Comme au bord d'un précipice. Ou aux portes de l'enfer.

J'ai regardé Amélie. Nous partagions elle et moi le même sort. Nous devions faire preuve de solidarité. Je lui ai fait un petit sourire. Elle a aussitôt tourné la tête dans l'autre direction.

Oh oui ! j'étais seul au monde !

Madame Michèle me détestait (parce que je suis roux ? à cause de mon jean sale et déchiré ? parce qu'il lui fallait à tout prix, en début d'année, un « anti-chouchou » ?). Elle allait me rendre la vie impossible. Et si elle pouvait imaginer pire, elle le ferait !

À cet instant, pendant que notre prof aboyait d'ouvrir notre livre de français, j'ai pensé à Marie – juste un peu, mais très très fort –, et je me suis senti encore plus seul.

Et je me suis senti de plus en plus petit.

J'avais l'impression que je rapetissais par en dedans.

Combien existe-t-il de synonymes au mot « malheureux » ? Des tas et des tas ! Cette journéelà, ils s'appliquaient tous à moi. *Tous.* Sans exception. Sans arrêt. Sans me laisser le temps de respirer (de toute manière, je crois que dans la classe de madame Michèle, il est interdit de respirer).

L'avant-midi, pendant le français, les maths et l'enseignement moral, madame Michèle a ragé.

À midi, j'ai évité Marie en allant manger dans le parc.

L'après-midi, pendant les cours d'anglais et d'univers social, notre prof a fulminé.

Elle semblait infatigable!

Arthur a dû aller discuter avec la directrice, la petite Anita aussi, ainsi que Charles-Antoine-Xavier-Sylvain. Je n'ai jamais compris pourquoi, car ce sont tous des bolés et les élèves les plus timides de l'école.

Pendant ce temps, qui n'en finissait plus, Amélie (t'ai-je dit qu'elle a de très beaux cheveux noirs, très longs, très noirs, très brillants?) gardait le nez dans ses livres et ses cahiers, ne disait pas un mot (mais pourquoi l'aurait-elle fait? parler est interdit dans cette classe – parler *et* respirer). Elle me semblait trop sage. Trop sage comme une image.

Je regrettais presque l'Amélie Blanche que j'avais rencontrée quelques heures plus tôt dans la cour.

Je regrettais presque ses insultes!

Puis, le temps qui n'en finissait plus a fini… par finir et, à la toute dernière seconde, madame Michèle nous a hurlé une tornade de devoirs et de leçons. Tu imagines? Des devoirs et des leçons dès la première journée d'école? Du jamais vu!

J'avais appris que la classe de Marie se trouvait à l'étage au-dessus, ce qui, lorsque la cloche sonna, me donnait une longueur d'avance. J'avais le temps de m'échapper.

J'ai filé à toute vitesse – et j'ai même passé par la porte du gymnase au cas où (car il n'y a pas plus rusée qu'elle) Marie aurait réussi à partir plus tôt et décidé de me tendre une embuscade à la sortie qu'on emprunte habituellement!

▲ ▲ ▲

Première journée: l'enfer sur terre. Deuxième journée... pareille ou pire. Troisième? Du même acabit... ou presque...

Le deuxième matin, alors que j'avais réussi à éviter Marie et me tenant du côté des petits, Amélie Blanche passa près de moi. Elle portait toujours son béret, ses lunettes de soleil et... son parfum de muguet.

Elle murmura – juste assez fort pour que je comprenne :

— Si je ferme les yeux, vont-ils tous disparaître?

Le troisième matin, alors que j'avais réussi à éviter Marie en me cachant sous mon ombre, Amélie Blanche passa vraiment tout près de moi. (*Note pour moi-même* : il faut à tout prix que je demande à maman de planter plein de muguet dans notre jardin.)

Amélie Blanche grogna :

— Comment faire pour ne pas respirer le même air qu'eux?

Pourquoi donc (me suis-je demandé plus tard, alors que madame Michèle tempêtait sur l'importance du plus-que-parfait du subjonctif) Amélie se promenait-elle avec toutes ces idées noires sans cesse en tête? Bon, d'accord, elle se retrouvait petite nouvelle à l'école, ce qui n'a jamais rien de confortable. N'avait-elle pas compris que ce mur qu'elle dressait entre elle et les autres n'arrangeait pas les choses? Se pouvait-il qu'elle aime faire bande à part?

La troisième journée s'est déroulée normalement. Notre prof a beaucoup crié. J'ai beaucoup tremblé. Ont été rendre visite à la directrice les élèves suivants: Arthur, bien sûr, puis Sabrina (médaillée d'or aux deux derniers tournois d'échecs de l'école) et enfin Pierre-

Antoine, celui qui pâlit dès qu'on lui adresse la parole. À quand mon tour?

Lorsque la cloche a sonné, je me suis enfui, comme la veille et l'avant-veille, par la porte du gymnase.

Je savais que mes parents ne rentreraient que beaucoup plus tard. Je ne voulais pas retourner à la maison immédiatement.

Je me suis promené – je me suis traîné plutôt! – à travers le parc désert. Je me suis assis sur chacun des huit bancs glacés. J'ai jeté des pierres dans l'eau de la fontaine. J'ai regardé passer trois gros écureuils qui semblaient fort affairés (ils ne m'ont même pas salué comme ils le font tous d'habitude en se dressant et me faisant de petits signes avec leurs pattes de devant).

Après quelques minutes, alors que je me décidais à contrecœur à rentrer chez moi, on me tapa par-derrière sur l'épaule.

Je crois que j'ai crié... Ou peut-être que je n'ai pas crié, cher journal, mais il s'en est fallu de très peu pour que je tombe dans les pommes!

J'ai pensé: «Je ne veux pas me battre avec Pinotte!»

La semaine n'avait-elle pas été suffisamment pourrie sans que je doive en plus affronter l'animal?

Je me suis retourné lentement, les poings fermés (tant qu'à tomber sous les coups de Pinotte, aussi bien donner l'impression de vouloir me défendre... ne serait-ce que pour la forme!).

J'avais fermé les yeux aussi (car si je devais tomber sous les coups de Pinotte, je ne voulais pas les voir arriver !).

Mon cœur battait à tout rompre.

J'ai attendu deux, trois secondes.

Rien ne se passait.

Je n'entendais pas le rire gras de Pinotte ni ses paroles pleines d'une vive intelligence (« Gnon gnon gna gnon gnognon ! »).

J'ai rouvert les yeux. Un œil à la fois.

Ce n'était pas Pinotte.

C'était Amélie Blanche.

Avec un petit, tout petit sourire au coin des lèvres.

— J'ai froid, a-t-elle dit. Un chocolat chaud me ferait le plus grand bien. Je peux t'en offrir un ?

Lettre d'Amélie Blanche à son père*

* Cette lettre n'a jamais été postée.

À : Aristide Blanche
Quelque part en France

De : Sa fille chérie
Amélie Blanche

Cher Daddydounet,

Certains matins, au réveil, il m'arrive de me demander si j'existe ou si je n'existe pas.

J'en ai alors pour quelques minutes, allongée sous ma couette, à regarder autour de moi. Je cligne des yeux. J'écoute les bruits de l'appartement.

Suis-je encore dans un rêve ou est-ce ma vraie chambre, mon vrai lit, mes vrais bras et mes vraies jambes?

Si je tarde trop à me lever, maman vient frapper à ma porte. Une première fois. Puis une deuxième. Et enfin une troisième et dernière fois.

— As-tu l'intention de roupiller jusqu'à midi? demande-t-elle.

Comment réagirait maman si je lui répondais alors:

— Juste une petite minute encore! J'attends que tout devienne réel ici! Je ne mettrai quand même pas les pieds hors du lit sans m'assurer de la réalité du plancher!

Lorsque nous habitions Paris, tous les trois, dans la petite rue derrière l'église Saint-Germain, c'était le ronron des moteurs et les jappements des klaxons qui me ramenaient à la vie… Mais depuis que nous sommes installés ici, maman, Iléma et moi, dans cette bourgade de Saint-Machin-sur-Truc où il n'y a pas de bruit, je dois me raccrocher à la réalité par mes propres moyens. Qui sont peu nombreux. Et plutôt faiblards.

Parce que tu n'es pas là.

Certains matins, rien à faire : je n'y parviens pas. Alors, je ne suis pas Amélie Blanche de toute la journée. Qui suis-je alors ? me demandes-tu. Sais pas. L'ombre de moi-même, peut-être ? Ou l'ombre de mon ombre ?

Parce que tu n'es pas là
et que tu devais y être.

... Pourquoi es-tu resté là-bas, daddydounet? Pourquoi?

D'abord, dis-moi, est-ce bien à Paris que tu vis?

Bois-tu toujours tes trois espressos du matin à une terrasse, avec plein de gens qui s'affairent autour de toi et lancent des «M'sieurs, dames!» en entrant et en sortant du café?

Ou bien vis-tu maintenant à la campagne, ainsi que tu en rêvais depuis toujours, dans une maisonnette perchée au sommet d'une montagne, ou encore dans un coquet village coincé entre deux châteaux si antiques qu'ils croulaient déjà du temps du bon vieux Charlemagne?

Maman ne sait jamais quoi me répondre lorsque je lui

demande où tu es, pourquoi tu ne nous as pas suivies ici – tu m'avais pourtant promis que tu nous rejoindrais deux ou trois semaines après notre arrivée. «Des contrats à finaliser, puis j'arrive», m'as-tu dit... avec un drôle d'air.

Non, maman ne sait jamais quoi répondre.

Ou plutôt si. Elle me répond toujours la même chose:

— Tu le sais, Amélie chérie, tu le sais très bien...

Quand maman me répond ainsi, j'avoue que je ne me sens pas très réelle. J'existe un peu moins.

Enfin!... Tu dois être las de lire mes états d'âme.

— Raconte-moi ce qui t'arrive dans ton nouveau pays, demandes-tu, installé au zinc de ton bistrot favori.

Que m'arrive-t-il donc à Saint-Machin-sur-Truc (lorsque j'existe, bien sûr)?

Bon. D'accord. Commençons alors par le commencement : depuis bientôt trois mois, je vis, avec maman et Iléma, dans un appartement qui offre une vue imprenable sur le Parc du Millénaire, un appartement assez joli et beaucoup plus grand que celui que nous habitions à Paris.

— Ça, je le sais, dis-tu en baissant les yeux un instant. Je l'ai choisi avec ta mère à partir du catalogue de l'Agence.

Oui, c'est vrai. Tu as choisi l'appartement avec maman. Vous avez choisi le pays, la province, la ville, la rue, l'appartement. (Je me souviens toutefois que, à vous voir tous les deux, et même si la dame de l'Agence y allait de ses plus beaux sourires, l'exercice ne semblait pas très rigolo. Je me trompe?)

Alors voici quelque chose que tu ne sais pas: je vais à l'école... dans une école *hantée*!

Eh oui! Hantée!...

Du moins, c'est ce qu'on raconte dans la cour de récré.

— Allons donc! C'est une rumeur ridicule! t'exclames-tu avant de commander un verre de rouge (un bordeau, un beaujolais bien frais ou un côtes-du-rhône dans un grand ballon?).

La rumeur, daddydounet chéri, va plus loin encore.

Non seulement notre école (enfin, *leur* école, car bientôt tu vas venir nous chercher et nous amener loin d'ici, n'est-ce pas ?), non seulement l'école serait-elle hantée, mais elle le serait par deux enfants de mon âge, tués par un tueur fou.

Depuis ce crime horrible, ils hanteraient les corridors de l'école.

Un garçon et une fille.

Et ils n'auraient pas de tête, car le tueur fou serait parti en les emportant dans un grand sac crasseux.

D'autres affirment cependant qu'il ne leur manquerait que les yeux, à nos deux fantômes, car l'assassin collectionnait les yeux, et en voulait deux nouvelles paires toutes fraîches.

— Mais c'est dégueulasse ! dis-tu (avec un frisson, car tu n'apprécies guère les histoires d'horreur), avant de saluer la jolie patronne du bistrot, qui vient tout juste d'entrer et avec qui il te tarde d'entamer une longue conversation.

Attends un peu avant de te mettre à lui parler. J'ai encore des trucs à te raconter.

Donc, mon école est hantée…

Bah ! Peut-être qu'elle ne l'est pas pour de vrai, mais ça me plaît d'y croire juste un peu !

Ma prof s'appelle madame Michèle (elle ne semble pas avoir de nom de famille). Elle crie tout le temps. Moi, je sais fermer les oreilles lorsqu'elle se déchaîne. J'ai parfois l'impression qu'elle répète un rôle : celui de l'Institutrice Tortionnaire. Peut-être que, certains matins, elle ne sait pas, elle non plus, si elle existe ou si elle n'existe pas. Alors, il lui faut crier à pleins poumons pour se prouver qu'elle est bien là, elle, devant nous, et non pas une autre, quelque part ailleurs.

Il y a une fille à notre école qui n'a que quatre doigts à chaque main. Je ne t'en parlerai pas, car tu n'y croirais pas.

— En effet, dis-tu avec un sourire moqueur. Quatre doigts à chaque main! Qui croirait ça? Quoi d'autre encore? Juste une oreille au beau milieu du front?

D'accord, d'accord!

Me croirais-tu alors si je te disais que j'ai rencontré un... garçon?

— Un garçon?

Eh, eh! Tu as sursauté, n'est-ce pas? Tu parlais à la patronne (comment s'appelle-t-elle? Bérangère? Marie-Éloïse?... Est-elle blonde ou brune?), et tu as avalé ta gorgée de vin de travers.

Calme-toi, daddydounet. J'ai dit que j'avais rencontré un garçon. Je ne t'ai pas annoncé qu'il m'avait demandée en mariage, tout de même!…

Donc: un garçon. Un roux (eh oui, comme François-Eusèbe). Un gentil (pas du tout comme François-Eusèbe). Un garçon que j'ai d'abord agacé au max.

— Amélie chérie, que je t'entends grommeler, voilà que tu agis comme à l'habitude. Je reconnais bien là mon Amélie avec ses idées noires et son mauvais caractère… Pas étonnant que tu n'aies jamais réussi à te faire d'am…

Non. Pas tout à fait. Pas tout à fait comme à l'habitude.

D'abord, oui, je l'ai insulté. Et j'ai grogné, grinché, usé d'un ton sec et bête et hautain.

Comme avec tous ceux qui osaient m'approcher dans la cour de récré... ou qui avaient le malheur de se trouver sur mon chemin.

Ensuite, chaque fois que, en classe, il regardait de mon côté, je tournais la tête de l'autre. Oui, j'ai fait comme d'habitude pendant trois jours, puis...

Je l'ai invité à prendre un chocolat chaud à l'appartement!

Au départ, je crois qu'il se méfiait un peu.

— Ça t'étonne? répliques-tu en souriant.

Euh... non... pas vraiment.

Avouons que, moi aussi, je me méfiais. Pourquoi donc l'avais-je abordé dans le parc? Pourquoi donc l'avais-je invité à goûter? Je ne comprenais pas ma propre réaction!

Étais-je lasse d'entendre madame Michèle nous engueuler à longueur de journée? Avais-je soudain le goût de fraterniser avec mon compagnon de cellule?... Peut-être que j'avais trop froid avec mon col roulé et ma jupe un peu mince... Peut-être que je sentais en lui une grande tristesse... Peut-être que la mienne, de tristesse, me semblait ce jour-là trop amère.

Robert a fini par accepter. Il s'appelle Robert, le garçon.

— C'est loin, chez toi? me demanda-t-il.

Je pointai du doigt vers notre petit immeuble de l'autre côté du parc.

— Deux minutes, pas plus.

Lorsque nous sommes entrés dans l'appartement, maman faisait ses comptes.

Maman dit que faire ses comptes, c'est comme s'acharner à résoudre un cube Rubic défectueux: aucune solution à l'horizon.

Il y avait des papiers partout, sur la table de la cuisine, par terre, et maman semblait désespérée. Souriante, affable, mais désespérée.

J'ai amené Robert dans ma chambre, je lui ai présenté Iléma, et Robert s'est exclamé:

— Il est tout blanc, ton poisson!

Iléma, gras comme un pacha, regardait Robert avec de grands yeux étonnés. Il pensait sûrement:

— Il est tout roux, ce garçon!

Robert colla le nez à la paroi de l'aquarium.

— C'est un mâle ou une femelle? demanda-t-il.

— C'est un albinos, répondis-je.

L'effet de surprise passé, Iléma se désintéressa de Robert et se remit à nager à travers le labyrinthe du château que maman a acheté pour décorer son univers.

Et toi, daddydounet, tu me demandes, un peu incrédule :

— Amélie, depuis quand t'intéresses-tu aux poissons rouges? L'an dernier, j'ai voulu t'en acheter un à l'animalerie de la Samaritaine, et tu as refusé.

Il ne s'agit pas d'un poisson rouge, daddydounet, mais plutôt d'un poisson blanc. Et c'est moi qui l'ai choisi.

— Un poisson albinos, murmures-tu, un tantinet inquiet. Tu ne crois pas que...?

Non, daddy, je ne crois pas que...

Comme s'il n'avait jamais vu de poisson de sa vie, Robert continuait à admirer Iléma. Je déposai mon sac à dos sur le lit. Je regardai autour de moi. (Souvent, tu le sais, ma chambre a les allures d'un champ de bataille – après la défaite! –, mais ce jour-là, tout semblait assez propret.) Je me suis rendu compte avec surprise qu'en bientôt trois mois, je n'avais rien accroché aux murs. Pas la moindre petite gravure. Aucune photo. Pas de posters non plus. «Bah! ai-je songé. Rien d'étonnant. Pourquoi donc accrocher quoi que ce soit aux murs lorsqu'on sait qu'on va bientôt partir?»

Je m'approchai de Robert.

— Chaque soir, je fais la lecture à Iléma.

— Les poissons ont-ils des oreilles? demanda Robert.

Tu sais, daddy, que je n'allais pas répondre que je ne savais pas.

D'habitude, j'aurais répliqué: «Comment, pauvre idiot, tu ne connais rien, toi?»

Je n'ai rien fait de semblable. À la place, j'ai dit:

— Quand je lui fais la lecture, Iléma vient se coller contre la paroi de l'aquarium et il ne bouge plus jusqu'à ce que j'aie terminé.

Maman nous appela à la cuisine.

— Venez boire votre chocolat pendant qu'il est chaud!

Robert semblait tout étonné qu'on lui serve du lait au chocolat dans un bol. J'ai cru un instant qu'il allait me demander une cuiller!

Nous avons bu en silence.

— Vous n'aviez plus rien à vous dire? demandes-tu.

Nous avions sans doute plein de choses à nous raconter, mais nous ne savions pas par quel bout commencer. Robert est un garçon timide, et moi, comme tu sais, j'avais des choses à cacher... Et puis maman virevoltait autour de nous, babillant sans cesse. Une conversation à une seule personne. Des centaines de questions, mais ni Robert ni moi n'avions le temps de répondre. Tu reconnais bien là maman, n'est-ce pas? Après quelques minutes, nous sommes retournés dans ma chambre et nous avons fait nos devoirs ensemble.

— Eh ben! dis-tu, étonné. Je ne t'ai jamais vue faire tes devoirs avec qui que ce soit!

C'est vrai. Jamais. Bizarrement, ça semblait la chose la plus naturelle du monde. Comme si nous avions oublié tous deux que nous étions partis d'un très mauvais pied quelques jours plus tôt.

De plus, à l'instant où je t'écris, ça fera bientôt près d'une semaine que, après un bol de chocolat chaud, nous faisons, Robert et moi, nos devoirs ensemble.

Oups! Je vois que tu lèves un sourcil. Tu le fais toujours quand quelque chose te trouble. Bientôt, tu vas afficher ton air grave. Tu fais signe à la patronne du bistrot: «Pas de vin. Un café plutôt.» Ton café arrive, bien serré, bien mousseux. Tu n'y ajoutes pas de sucre. Tu bois une petite gorgée et tu te tournes vers moi.

— Est-ce qu'il sait, ton Roger? demandes-tu.

Pas Roger. *Robert.* Et *non*, il ne *sait* pas. Personne ici ne sait quoi que ce soit. Maman m'a demandé la même chose ce soir:

— Ne lui as-tu rien dit?

Robert venait tout juste de quitter l'appartement. Nous nous préparions, maman et moi, à dîner. Je portais encore mes lunettes de soleil.

— Non, maman. Pas encore. Peut-être jamais.

Puis j'ai ajouté, très vite, car je sais qu'elle déteste ça:

— Et de toute manière, daddydounet va venir nous chercher bientôt, et je ne reverrai plus jamais Robert, et c'est bien comme ça!

Maman ne me gronda pas. Elle secoua simplement la tête

(comme tu le fais sans doute maintenant). Je vis une larme apparaître dans le coin de son œil droit, mais la larme resta là bien sagement. Maman s'est retournée sans ajouter un mot.

J'ai gardé mes lunettes même pour dîner.

Nous avons regardé la télé en silence. Je portais encore mes lunettes.

Je les porte encore pendant que j'écris cette lettre.

— Ton béret aussi?

Ne te moque pas de moi. Laisse-moi te raconter quelque chose encore. Ensuite, je te laisse à tes occupations…

Certains soirs, avant de m'endormir, j'imagine la scène suivante:

Il est presque midi. On est samedi. Je fais la grasse matinée. Sous ma couette, je sommeille encore. La veille, la dame de la météo a annoncé un temps superbe pour aujourd'hui. Peut-être que nous pourrions, maman et moi, faire une promenade. Ou bien aller au cinéma. Peut-être que je pourrais inviter Robert à nous accompagner. Si je le demande à Iléma, je sais qu'il me dira : « Très bonne idée, ma chère. »

Soudain, on sonne à la porte.

J'entends des éclats de voix. Et des rires. Que se passe-t-il donc?

Moi, de toute façon, il n'y aurait qu'une urgence nationale pour me faire sortir du lit.

On cogne à la porte.

— Je dors!

La porte s'entrouvre légèrement. Je vois une main apparaître. Elle tient ce qui ressemble à des enveloppes. Une, deux, trois enveloppes. Puis une voix que je connais bien lance:

— Comment, fillette! Encore au lit? Tes bagages ne sont pas prêts? Allons! L'avion décolle à 19 h!

... Je ne te raconterai pas le reste. Tu le devines, j'en suis sûre.

Crois-tu que ce rêve éveillé se réalisera un jour?

Il me semble que j'entends la voix de maman, sa voix toute triste qui dit:

— Tu le sais, Amélie chérie, tu le sais très bien...

Voilà tout ce que j'avais à te raconter.

Il est tard, je vais me coucher. Demain, madame Michèle nous attend de pied ferme. Mais, qui sait, peut-être serons-nous chanceux et elle se réveillera avec une extinction de voix ? Elle devra alors rester chez elle, et nous aurons droit à une remplaçante qui ne sait pas comment crier.

Fais attention à ta santé, daddydounet, mais prends quand même un dernier verre de vin rouge à ma santé.

Ta fille qui t'adore de très loin.

Amélie

P.-S. J'ai découvert, parmi nos boîtes, plusieurs de tes livres. J'espère qu'ils ne te manquent pas trop. Je vais tenter de tous les lire avant ton arrivée, et nous pourrons en discuter, toi et moi. Bien sûr, si tu ne veux pas attendre, tu peux débarquer à l'appartement dès demain, et je lirai tes livres plus tard, car certains m'ont l'air plutôt compliqués.

Les secrets d'une belle chevelure

Ça va, Robert, je vais *chu-cho-ter.*

Pas question de te faire rougir encore une fois!

Mais as-tu vu quel livre elle lisait, hier, Amélie Blanche? *Le Vomi*! Qui voudrait livre un livre qui s'intitule *Le Vomi*? Et qui voudrait écrire un livre qui s'intitule *Le Vomi*? Et qui voudrait publier un liv…

Ah bon! *La Nausée*? Tu la vois où, la différence? *La Nausée, Le Vomi, Le Haut-le-cœur*… ça revient à dire la même chose, n'est-ce pas?

Un grand philosophe français? C'est ce qu'elle t'a raconté, Amélie Blanche? Jean-Paul Sartre? Un grand penseur?... Si tu veux mon avis, Robert, il aurait dû penser un peu plus fort, celui-là, le jour où il a imaginé le titre de son livre!

Et tu as vu la couverture? Sombre, sombre!... On sent tout de suite qu'il s'agit d'un livre d'adulte.

Crois-tu qu'elle y comprend quelque chose, Amélie, à *La Nausée*? Tu as vu comment elle remue les lèvres lorsqu'elle lit? Comme si elle lisait chaque mot, lentement, avec soin, de peur d'en échapper un au passage... Moi, quand je lis un livre, je ne remue pas les lèvres. Puis, s'il y a trop de mots, eh ben, j'en oublie quelques-uns, et j'en laisse filer d'autres, surtout les plus longs qui ne sont là, on le sait bien, que pour remplir les pages. D'ailleurs, Amélie…

Oh, ça va! On le sait bien! *Ton* Amélie!… Pas question de passer le moindre petit commentaire à propos d'Amélie Blanche sans que tu montes aux barricades! Amélie par-ci, Amélie par-là. On dirait qu'il n'y a plus qu'Amélie Blanche sur cette terre! Et moi, là-dedans, Robert Dumas? Est-ce qu'il t'arrive encore de penser à moi de temps à autre?

Non! Je t'avais prévenu de ne pas rougir. Quand tu rougis, j'ai toujours l'impression qu'une sirène va se mettre à rugir. Ou que la fumée va te sortir par les oreilles comme dans les bonshommes animés. D'ailleurs, maintenant que j'y pense, il me semble que tu rougis à tout bout de champ, ces derniers jours. Tu ne serais pas malade? Ce ne serait pas une rechute de ta grippe-scarlatine du printemps dernier? À moins que tu n'aies attrapé une maladie tropicale à laquelle personne n'a encore donné de nom ni, bien sûr, trouvé de remède?

Ouf! Tu ris! Ça me rassure. Je croyais que je n'arriverais plus jamais à te faire rire. Tu me sembles si... sérieux ces temps-ci. Comme si tu réfléchissais à tout instant au Sens de la Vie.

Pour célébrer l'occasion, permets-moi de t'offrir une truffe aux amandes grillées, à la réglisse rouge et au chocolat blanc. Maman a inventé ça après une engueulade au téléphone avec papa. Il lui annonçait qu'après le Japon, il s'en allait vendre des niches à chien en Chine...

S'ils se chicanent souvent, maman et lui? Bah, pas vraiment... Faut dire qu'ils ne se voient pas beaucoup depuis quelques mois... Mais ça aura permis à maman d'inventer cette nouvelle truffe qu'elle appelle *La colère blanche de l'Aztèque*. Délicieux, n'est-ce pas?

Tiens, regarde Amélie! Elle vient vers nous.

Non. Elle ne vient pas vers nous.

Bizarre. D'habitude, elle s'installe toujours à notre table. Enfin, elle s'installe plutôt à côté de *toi* et, si je ne gesticule pas comme une idiote, elle s'aperçoit à peine que j'existe.

Elle est là avec ses grands yeux à te regarder... heu... j'*imagine* qu'elle est là avec ses grands yeux, car avec ses lunettes de soleil, impossible de savoir si...

Que fait-elle donc? Elle lit? Elle lit en marchant maintenant! Je l'ai déjà vue lire dans un coin de la cour de récré, mais ici, dans la cafétéria?...

D'ailleurs, comment fait-on pour lire en marchant? Ou bien tu ne comprends rien à ce que tu lis, ou bien tu t'enfarges sur tes lacets de baskets!

Regarde-la! Elle se promène entre les tables, plongée dans son livre, comme si rien n'existait autour d'elle. Je jurerais qu'elle ne sait pas où elle se trouve. On dirait que son corps déambule ici et que sa tête flotte ailleurs, loin, très loin...

... Au fait... Euh... Je voulais te demander... Crois-tu qu'un béret m'irait bien à moi aussi?

Copier Amélie? *Moi?* Jamais de la vie! Jamais je ne copierais le style d'Amélie Blanche! Jamais je ne porterais de jupe, même noire... Mais un béret, peut-être...

Amélie semble vraiment très concentrée. Elle doit lire *Le Vomi* encore... Bon, d'accord, *La Nausée.* Par Jean Millepattes. Non. Jean-Paul Tarte... euh... Enfin, tu comprends de qui il s'agit...

Alors... si Amélie ne vient pas s'asseoir avec toi... avec nous... que dirais-tu d'aller faire une promenade dans les catacombes?

Robert Dumas! Tu ne *sais* pas ou te ne *veux* pas? Je ne

vais quand même pas t'y amener de force! Pourtant, tu m'avais promis que...

Ça ne me chante plus d'aller seule dans les catacombes. J'ai l'impression maintenant de me promener dans des souvenirs qui ne m'appartiennent plus. Des souvenirs empruntés. Il me semble que je me raconte les histoires de quelqu'un d'autre. Aussi bien parler toute seule!... Mais moi, je m'engueule lorsque je parle toute seule. Et, malheureusement, je ne gagne pas toujours!

Allez, sois chic. Viens... De toute manière, Amélie est occupée à parler avec les morts... Ben, lorsqu'on lit un livre, Robert, n'est-ce pas un peu comme si on conversait avec son auteur? Bon. Et il est mort, si je ne me trompe pas, l'auteur de *La Régurgitation*? Donc, comme d'habitude, j'ai raison : Amélie parle avec un mort. Et nous, membres officiels du Club des bizarroïdes, on est vivants !

Allez ! Il nous reste encore une demi-heure avant que la cloche sonne ! Nous pourrions faire semblant que nous revenons d'un long voyage, que tout a changé dans les catacombes pendant notre absence... Ou que nous découvrons des traces laissées par des extraterrestres. Ces traces signifient une chose terrible : ils veulent conquérir le monde en établissant leur quartier général dans le sous-sol de l'école Soleil du millénaire !... Ou imaginons qu'une des pièces abrite un fantôme, ou un monstre, ou un trésor, ou quelque chose de très étrange qui va changer nos vies à jamais!...

Tu sais, Robert, tu vas retrouver toutes tes choses comme tu les as laissées avant l'été. Tes posters, tes bandes dessinées, tes CD et même ton télescope. Je n'ai rien changé. Je t'attendais...

À la bonne heure! Tu te décides enfin! Ce n'était pas trop tôt! Au fait, est-ce qu'il te reste encore un brocoli? Juste un minuscule petit bout pour grignoter pendant qu'on se promène? Super!

As-tu eu le temps d'aller faire un saut au *Sourire de l'Aztèque*? Je suis sûre que ma mère te ferait des prix spéciaux juste pour toi. Elle te ferait goûter à toutes ses nouveautés. Tu pourrais te gaver!

Des boutons? Allons donc, le chocolat, ça ne donne pas de boutons. Les croustilles, d'accord, mais seulement celles au vinaigre. Les pizzas? Sais pas. Mais le chocolat de première qualité, confectionné avec science et amour? Jamais de la vie!

... Tiens, voilà notre cher Pinotte qui revient de sa visite quotidienne chez la directrice. Tu sais qu'il a encore redoublé? Au nombre d'années qu'il a passées dans les mêmes classes, je me demande à quel âge il va quitter l'école. Il va bientôt être plus vieux que son prof! J'ai entendu dire que...

Eh! Je ne l'ai jamais vu aussi furieux! Tu as vu ce qu'il a fait? Il a lancé une chaise contre le mur! Il est hors de contrôle, notre Pinotte, et je...

Oups! Pas très prudent de la part d'Amélie. Tu devrais lui dire qu'il ne faut jamais s'adresser à Pinotte sur ce ton-là. D'accord, il l'a fait sursauter en lançant la chaise, mais tu as compris ce qu'elle lui a dit? Elle l'a traité, à voix très haute, de Néandertalien! Elle l'a appelé «l'enfant des cavernes»! Elle a ajouté qu'il avait dû égarer son cerveau quelque part et qu'elle espérait pour lui qu'il le retrouve avant l'âge adulte!

Ouais, tu as raison. Oublions les catacombes et allons vite chercher Amélie avant que Pinotte explose et que…

Eh! D'où ils sont sortis, ceux-là? C'est pas juste! Sept contre une, ça ne se fait pas, même pour des minus comme Pinotte et sa bande! Ils lui ont arraché son livre! Ils se le lancent les uns aux autres! Ils vont le déchirer!

Eh toi! tu me bloques le chemin! Je ne vois plus rien! Il y a une amie à nous qui a besoin d'aide!

Robert! Ils tournent autour d'Amélie comme des vautours! Son béret! Ils veulent lui arracher son béret! Elle serait aussi bien de le leur donner, son sacré béret.

Tiens bon, Amélie, on arrive! Je fonce, même si je dois donner des coups à tout le monde! Robert, toi, tu t'occupes d'Amélie et moi, je me charge de…

Voilà maintenant que Pinotte lui tire les cheveux!

Mais… Qu'est-ce qui se passe? Ses cheveux!

C'est impossible, allons!

C'était une perruque!

Pinotte tient la perruque d'Amélie comme s'il tenait un scalp!

Mais... Mais...

Je ne rêve pas pourtant!

Elle n'a pas les cheveux noirs, Amélie... Elle a les cheveux tout blancs!

Journal intime de Robert Dumas

Bientôt je vais utiliser de
l'encre invisible...
au cas où...

Jeudi... je crois... Ou bien vendredi.
Je ne sais plus quel jour on est !

Elle a les cheveux blancs, Amélie Blanche.

Plus blancs que ceux de mon grand-père ou de ma grand-mère (car ma grand-mère met un colorant mauve qui lui fait une drôle de tête).

Amélie Blanche a les cheveux tout blancs.

Et je crois que ça lui va aussi bien que les cheveux noirs.

▲ ▲ ▲

Un grand silence est tombé sur la cafétéria.

Nous étions tous tétanisés. Nous étions tous foudroyés. Abasourdis. Paralysés. On n'aurait pas pu entendre une mouche voler, car aucune mouche n'aurait osé voler à cet instant.

J'aimerais te faire croire, cher journal, que j'ai été le premier à sortir de ma torpeur, à voler jusqu'à Amélie, à lui tendre la main.

Pas du tout!

Figé sur place, je n'arrivais même plus à penser correctement. Marie a brisé le tableau que nous formions tous dans la salle.

Pas tout à fait. Amélie a bougé la première: elle s'est laissée tomber à genoux par terre.

Je n'entendais rien, mais ses épaules tressautaient : elle pleurait.

Marie s'est frayé un chemin jusqu'à elle à travers les élèves qui formaient comme un mur de statues.

Il y avait tout ce silence, lourd et menaçant. Parfois, et même souvent, ce genre de silence ne présage rien de très bon.

Marie s'est accroupie à côté d'Amélie.

Puis un rire ignoble a brisé le silence. Un rire, un ricanement, un hurlement de joie bête et cruel.

Tu sais, toi, cher journal, qui s'était mis à rire ainsi. Et tu sais aussi qui, spontanément, se sont joints à ce rire. Pinotte a hurlé :

— Venez voir ! On a un monstre de plus à l'école !

Des rires, des rires. Pas seulement ceux de Pinotte et de sa bande – ça, je m'y attendais – mais aussi de plusieurs autres élèves qui s'éveillaient soudain de leur léthargie et ne trouvaient rien de mieux à faire que de ricaner.

J'avais l'impression de vivre un cauchemar.

Et que crois-tu qu'Amélie vivait, elle? Une fête pour son anniversaire? Bien sûr que non, cher journal! Depuis le temps que j'assistais aux assauts de Pinotte sur Marie, sur moi, sur Thomas, le printemps dernier, et sur un tas d'autres élèves, plus rien de ce qu'il pouvait imaginer ne m'impressionnait. Mais cette fois, on aurait dit que toute l'école s'en mêlait, comme si personne tout à coup n'était sain d'esprit.

Marie a ramassé le béret et la perruque que Pinotte avait jetés par terre, et a aidé Amélie à se relever. Elle a tourné la tête vers lui et a dit:

— Il n'y a qu'un seul monstre ici, et c'est toi.

Je me suis approché à mon tour. J'avais honte. Amélie n'était-elle pas mon amie? Une amie toute récente, je te l'accorde, mais mon amie quand même. Une *grande* amie. J'avais honte de ne pas avoir réagi plus vite, de n'avoir pas su que faire. Si Marie n'avait pas été là, aurais-je trouvé le courage de me porter au secours d'Amélie? L'aurais-je laissée se débrouiller toute seule? Quelle sorte de copain étais-je donc?

Voilà peut-être pourquoi, comme pour me racheter, j'ai menacé Pinotte d'une voix trop forte qui, à mes propres oreilles, semblait fausse :

— Si jamais tu recommences, tu vas avoir affaire à moi!

Quelqu'un derrière moi a laissé échapper un petit rire moqueur. D'autres rires ont fusé. Je me suis senti rougir de la tête aux pieds. Imagine : Robert Dumas, le chevalier sans peur et sans reproches, qui menace Pinotte de sa grosse voix à défaut de ses gros poings!

— Et à moi aussi, a ajouté Marie.

Le silence est retombé aussitôt dans la cafétéria. Pinotte a bombé le torse, sans plus. Nous sommes sortis, Marie, Amélie et moi, avec une centaine de paires d'yeux qui nous suivaient pas à pas.

▲ ▲ ▲

À ce jour, je n'avais jamais reçu deux filles dans ma chambre.

(Ma mère me l'a fait remarquer lorsque Marie et Amélie sont entrées, en me décochant un sourire, un grand sourire, un TRÈS grand sourire complice, attendri, fier, nerveux... un sourire de mère quoi – et, bien sûr, ce sourire m'a fait rager, alors même que je fondais sur place.)

Je devais me sentir particulièrement inspiré sans doute, car l'une des premières choses que j'ai dites, alors que Marie et Amélie s'installaient sur la moquette et s'apprêtaient à piger dans un grand bol de maïs soufflé, ce fut:

— Mais tu n'as pas les yeux roses!

Marie m'a jeté un regard plus noir que le Regard Noir de madame Michèle. Plutôt que de répliquer par une insulte bien sentie, Amélie a fait un grand sourire et elle a dit:

— Je ne suis pas un lapin, quand même!

Elle portait sa perruque mais, en entrant dans ma chambre, elle avait retiré ses lunettes de soleil.

Elle n'a pas les yeux roses, ils sont d'un bleu plus que bleu. Elle a les sourcils et les cils d'un blanc presque transparent. Il n'y a de rose que le rebord de ses paupières – comme si elle venait tout juste de pleurer.

— J'aurais parié que tu n'irais pas à l'école aujourd'hui,

a dit Marie en pigeant dans le bol une énorme poignée de maïs dégoulinant de beurre.

— J'ai l'habitude, a répondu Amélie en haussant les épaules. À Paris, ce n'était ni mieux ni pire qu'ici. Une fois l'effet de surprise passé, tant que je n'impose pas ma présence à qui que ce soit et que je m'assure de disparaître dans le décor, je m'en tire à peu près indemne.

La bouche pleine, Marie s'est exclamée :

— Avec nous, tu n'imposes pas ta présence !

Pourquoi n'était-ce pas moi qui avais fait cette déclaration ? N'aurait-ce pas été généreux de ma part ? Avais-je peur de bafouiller ? Je me suis contenté de hocher la tête très fort, comme un idiot. Puis j'ai dit (j'ai murmuré plutôt) :

— Tu es notre amie.

J'étais sûr qu'Amélie n'avait entendu qu'un vague :

— 

Mais elle m'a regardé avec ses grands yeux d'un bleu presque trop pâle pour être bleu.

— Merci, a-t-elle dit doucement. Toutefois, vous allez vous attirer des ennuis.

Marie a laissé échapper un petit rire.

— Nous nous attirions des ennuis bien avant que tu te pointes ici.

C'est alors qu'Amélie a enlevé sa perruque.

— Il faut chaud à mourir là-dessous !

Ses vrais cheveux étaient retenus par deux douzaines de pinces. Lorsqu'elle les a eu toutes enlevées, ses cheveux sont tombés sur ses épaules. Amélie a secoué la tête. Libres, ses vrais cheveux semblaient fins et légers comme l'air. Ou comme la vapeur qui sort de nos bouches l'hiver lorsqu'on joue dehors.

— Je me demande, a fait Amélie, quel surnom va m'inventer Pinotte.

J'ai alors parlé trop vite:

— Blanche-Neige?

Marie et Amélie se sont regardées un bref instant, puis elles ont éclaté de rire.

— Blanche-Neige et ses deux nains? a hoqueté Amélie.

Puis, elle est redevenue sérieuse.

— La directrice de l'école a téléphoné à ma mère hier soir. Elle était furax.

— Elle n'a pas digéré le faux billet de médecin? ai-je demandé.

— Je m'en tire pas mal comme faussaire, a répondu Amélie, mais puisque je n'avais évidemment pas mis ma mère dans le coup, j'ai eu droit à un sermon d'une heure et quart! Maman était convaincue que je m'étais attiré la compassion de ma prof en lui disant la vérité dès la première journée d'école.

Amélie leva les bras au ciel.

— La vérité, la vérité! Comme si un petit mensonge de temps à autre n'était pas plus pratique dans certaines situations!

Elle serra les dents:

— De toute manière, je les garde, mes lunettes de soleil. Madame Michèle pourra hurler tant qu'elle voudra, moi, je peux hurler plus fort qu'elle encore!... Et puis, je suis myope comme une taupe, et je n'ai plus d'autres lunettes! Na!

Savais-tu, cher journal, que les myopes ont les yeux plus brillants que ceux des autres gens? Ils ont toujours un regard à la fois étonné et flou et lointain. Comme s'ils apercevaient les choses à travers une mince pellicule de rêve. Enfin, les yeux d'Amélie ont cet air-là… Pour moi du moins.

— Que faites-vous demain? a demandé Amélie (son sourire était revenu, et elle cherchait dans le bol les grains de maïs les plus brûlés).

— On pourrait aller voir un film? suggéra Marie.

J'avais un autre plan. Je ne savais pas si c'était un éclair de génie ou si j'avais mangé trop de maïs soufflé. Mais, surtout, je ne savais pas si Marie serait d'accord.

Tu devines, toi, cher journal, quelle idée m'était venue?

Je nous imaginais... tous les trois... samedi...

Si Marie apportait une cargaison de truffes... Et si j'apportais mes deux nouveaux CD: *Un million de squelettes dans la salle de cours,* du groupe Quoi?, et *Têtes coupées,* du groupe Les Têtes coupées. Peut-être que...

Il me semblait que cela aurait pu chasser toutes les idées noires d'Amélie Blanche. (Car on sent qu'elle en a encore, des idées noires. On le voit dans son regard qui passe de la joie à l'inquiétude en moins d'une seconde. Elle demeure sur ses gardes, même avec nous.)

Oui, j'avais un plan superbe! Je n'avais pas eu à me

creuser la tête: il était venu tout seul et il me semblait parfait. Je n'avais pas le temps d'en parler d'abord à Marie. À moins, bien sûr, de demander à Amélie de quitter ma chambre pour quelques minutes afin que nous puissions, Marie et moi, tenir une réunion extraordinaire du Club des bizarroïdes. Cela aurait pu froisser Amélie.

«Bon! que je me suis dit, du courage! Prends les devants, Robert Dumas! Sois spontané, mon grand!»

J'ai donc fermé les yeux un instant, j'ai pris une grande respiration et j'ai levé la main comme à l'école. Puis j'ai lancé:

— Peut-être que nous pourrions…

Mais Marie s'est alors écriée:

— Eh! J'ai une idée de génie! Demain, Amélie, nous t'amenons dans les catacombes!

(Très longue) lettre d'Amélie Blanche à son père*

* Déposée dans un vieux, vieux coffre de pirate découvert dans une vieille, vieille maison hantée.

Cher Daddydounet... où que tu sois,

Une question avant de commencer cette lettre:

De quelle couleur crois-tu que sont mes cheveux?

La réponse... dans quelques paragraphes!...

As-tu dîné? Au resto? Ah oui? Et qu'as-tu mangé? Un confit de canard ou un steak frites? Moi, je préfère le steak frites. En vérité, ce sont les frites que j'adore.

Es-tu assis confortablement? As-tu enfilé l'épais peignoir que maman t'a offert... avant notre départ?

Est-ce qu'il y a un match de foot à la télé?

Dis-moi... pourrais-tu couper le son pendant quelques minutes?

— D'accord, d'accord, dis-tu. Je vois que tu tiens à me parler.

Oui, daddydounet, j'ai en effet beaucoup de choses à te raconter.

— Alors, donne-moi deux minutes que je me serve un coca. Ensuite, je t'écoute.

Un coca? Bien sûr. Et tu m'en apportes un aussi? Avec des glaçons et une paille rose?

Alors, j'attends. (Je chantonne en attendant : tadadadada...)

... Ça y est?

Moi aussi, je me suis emmitouflée dans mon peignoir, le rose qui traîne jusque par terre.

Maman dort. Je crois qu'Iléma dort aussi.

Comme je sais que tu aimes beaucoup les romans (sauf les romans d'horreur), je vais laisser tomber le style épistolaire. Cette lettre va maintenant devenir un... roman! J'espère que tu vas t'amuser.

Merci pour le coca.

Alors, voilà, je commence:

Le Terrible Mystère des Catacombes

un roman de Nathalie Noire

(Nathalie Noire, c'est mon pseudonyme; beaucoup d'écrivains célèbres écrivent sous un pseudonyme, tu sais.)

Chapitre 1

C'était un samedi matin comme les autres.

Pas tout à fait. Car Amélie Blanche, qui avait toujours été seule, possédait dorénavant deux amis : Marie Gadouas et Robert Dumas.

On le lui avait annoncé en grande pompe la veille : Amélie Blanche faisait maintenant partie du très sélect Club des bizarroïdes.

Marie n'avait que quatre doigts à chaque main (elle en était fière !). Robert était rouquin (ce qui lui allait très bien). Et Amélie, albinos (ce qui se révèle rarissime, même parmi les bizarroïdes).

— Vive le Club des bizarroïdes ! s'exclama Amélie alors qu'ils entraient tous trois dans la cour de récré de l'école.

— Pas si fort, Amélie! fit Marie.

— C'est un club secret, ajouta Robert d'un air très sérieux.

Amélie fit une grimace. Ce n'était pas sa faute. Elle n'avait pas l'habitude d'appartenir à un club secret. Ni d'avoir plein d'amis. Ou du moins deux. En même temps.

Comment se sentait-elle en ce samedi matin pas comme les autres?

Une question d'abord: de quelle couleur étaient les cheveux d'Amélie Blanche?

Non. Pas noirs. Elle avait laissé sa perruque sur son lit. Peut-être même ne la porterait-elle plus jamais.

Ni blancs non plus. Enfin, pas tout à fait. Ils étaient blancs, d'accord, mais… avec des mèches roses, des mèches bleues, des mèches dorées. (Sa mère avait éclaté de rire en la voyant sortir de la salle de bains, après le petit-déjeuner. Elle avait ri et pleuré un peu. De joie, disait-elle. «Mon Amélie chérie est enfin heureuse!» avait-elle dit.)

Heureuse. Tiens. Voilà comment se sentait Amélie Blanche en ce samedi matin ensoleillé, ni trop chaud ni trop frais, de septembre!

— Nous a-t-on suivis? demanda Robert en tournant la tête de tous les côtés.

— Non, je ne crois pas, répondit Marie.

— Pas d'Arachide dans les environs, dit Amélie.

— Il s'appelle Pinotte, corrigea Robert.

— Chez nous, on dirait «arachide», répliqua Amélie.

— Vous avez une drôle de manière de parler, chez vous, fit Marie avec un grand sourire.

Puis elle lança :

— Le premier arrivé à l'entrée secrète devient président du Club des bizarroïdes pour la journée !

Amélie n'avait presque pas dormi de la nuit.

Chez Robert, juste avant de regarder un film de vampires à la télé, les deux amis lui avaient dévoilé tous les secrets du Club, dont l'emplacement de l'entrée secrète.

Plus tard, dans son lit, Amélie avait tenté d'imaginer ce que ce serait que de se glisser, en plein jour, dans le sous-sol de son école. À quoi donc ressembleraient ces fameuses catacombes ? Aurait-elle peur du noir? des fantômes? des squelettes? des monstres? Même si ce n'étaient que des fantômes, des squelettes et des monstres imaginaires?

La jeune fille n'avait fait aucun cauchemar. Plutôt, elle avait rêvé à Robert... Elle s'était éveillée avec un sourire et l'idée folle de se teindre les cheveux de toutes les couleurs.

Après une course échevelée, Marie devint présidente pour la journée.

—C'est toujours elle qui gagne! fit Robert avec une moue de dépit.

—Parce que je cours plus vite que tout le monde, répliqua Marie.

—Allons-y! dit Amélie qui ne tenait plus en place.

L'un après l'autre, ils se faufilèrent derrière le…

(Oups! Tu me pardonneras, daddydounet, si je n'en dis pas plus. J'ai juré sur mon honneur de ne jamais révéler de quelle manière on pénètre dans le sous-sol de l'école Soleil du millénaire. Je te dirai seulement que l'entrée secrète est vaillamment gardée par une horde d'araignées géantes. Hou!)

—Il fait noir comme chez le loup, murmura Amélie.

Elle entendit Marie, derrière elle, qui annonçait:

—Ça va, tout est bien fermé.

Robert alluma sa lampe de poche. À son tour, Amélie fit de même et… tout à coup, elle se sentit transportée dans un autre monde et dans un autre siècle.

— C'est incroyable! dit-elle, la gorge sèche.

Des ombres. Des ombres cachées à l'intérieur d'autres

ombres. De vieilles boîtes qui, lorsque balayées par les faisceaux de lumière, semblaient respirer. Des tuyaux tordus qui sortaient des murs. Un vieux fauteuil éventré. Un lavabo brisé. De la poussière, partout de la poussière : au sol, sur les murs, dansant dans l'air.

Amélie éternua une fois, deux fois.

— Tu vas t'habituer, chuchota Marie.

— Il y a moins de poussière dans le corridor, dit Robert.

— Et l'on pourra allumer la lumière, ajouta Marie.

Amélie secoua la tête.

— C'est mieux ainsi, dit-elle. C'est plus mystérieux.

Les trois amis avancèrent lentement, à la file indienne.

Dans ce monde où l'on ne voyait pas plus loin que le bout de son nez, c'était comme si le danger vous guettait à chaque pas. Ou le mystère. Amélie préférait le mystère au danger.

«Mais prends garde, Amélie, pensa la jeune fille, si tu respires trop fort, tu risques d'avaler un fantôme!»

Puis elle pensa: «Je me demande ce que ça goûte, un fantôme…»

Puis elle se demanda: «Robert devine-t-il que j'ai peur à mourir?»

Ils sortirent de la petite pièce et débouchèrent dans le corridor.

—Notre quartier général est tout au bout, là-bas, dit Marie en pointant le faisceau de sa lampe de poche.

—Tu n'as pas oublié la clef, n'est-ce pas? demanda Robert.

—Je l'ai cachée près de la porte du quartier général, répondit Marie. Je vais vous montrer...

—Pas maintenant, lança Amélie. Moi, je veux explorer!

Chapitre 2

Ils explorèrent donc.

Des corridors à perte de vue, des dizaines de portes qui pouvaient s'ouvrir sur l'inconnu.

—Avez-vous visité les catacombes au complet? demanda Amélie.

—Il y a encore des coins où nous ne sommes pas allés, répondit Marie (la bouche pleine, car elle mâchonnait une truffe au sirop d'érable).

Robert ricana derrière elles:

—Il y a des pièces où Marie ne veut pas mettre les pieds.

—Eh oh! protesta Marie. C'est pas vrai!

—Aurais-tu donc oublié LA CHAMBRE DE TOUTES LES HORREURS?

Il avait semblé à Amélie que Robert avait mis des majuscules à chacun des mots, que du sang dégoulinait de chacune des lettres. Un frisson la parcourut de la tête aux pieds.

—C'est quoi, les amis, cette Chambre De Toutes Les Horreurs? fit-elle d'une toute petite voix.

Marie et Robert se turent quelques secondes. On entendait le plop-plop régulier d'un robinet qui fuyait. Des bruits sourds au loin. Des craquements qui semblaient provenir d'au-dessus de leurs têtes.

«Y a-t-il quelqu'un d'autre dans l'école?» se demanda Amélie.

Marie faisait la grimace. Robert avait perdu son sourire moqueur.

—Qu'avez-vous? demanda Amélie.

—Je n'aurais pas dû plaisanter, fit-il en s'adressant à Marie. Moi non plus, je ne suis jamais entré dans la Chambre De Toutes Les Horreurs.

Amélie pointa sa lampe de poche sur Marie puis sur Robert.

—Allez-vous parler à la fin? s'exclama-t-elle un peu trop fort.

Elle ajouta, en chuchotant cette fois :

— Allez-vous m'expliquer?

Marie laissa échapper un long soupir.

— Nous allons faire mieux : viens, Amélie Blanche, suis-nous.

Chapitre 3

— L'école Soleil du millénaire, commença Marie alors qu'ils avançaient dans le corridor, a été construite voilà plus de cent ans.

— C'était un collège pour les garçons, ajouta Robert.

— À l'époque, il y avait des écoles réservées aux garçons et des écoles réservées aux filles.

—Tiens, fit Amélie, c'est pas bête : de cette manière, on n'aurait pas à vivre avec Pinotte !

—Et moi alors ? dit Robert, indigné.

Marie lui donna aussitôt un coup de coude dans les côtes.

—Tu ne vas pas recommencer, non ? fit Robert. Je vais encore avoir des bleus pendant une semaine.

—Amélie ne faisait que blaguer, expliqua Marie.

—Dans notre école de filles, ajouta Amélie, nous te ferions une place spéciale juste pour toi.

Robert grogna (pour la forme) : l'obscurité cachait un sourire satisfait.

—Ado, mon père a fréquenté ce collège, poursuivit Marie.

—Qu'est-ce qu'il fait, ton père, dans la vie? demanda Amélie.

—Il vend des niches à chien. Et il voyage à travers le monde.

—Quand je téléphone au bureau de mon père, fit Robert, on me dit toujours qu'il est en réunion. Ma mère aussi d'ailleurs. Ce n'est pas un métier, ça, les réunions.

Amélie murmura :

—Mon père vend des vêtements griffés. Il déteste l'avion. Et il ne nous a pas suivies, ma mère et moi, lorsque nous avons quitté Paris pour venir vivre ici. Il avait promis qu'il viendrait, mais il n'a pas tenu promesse. Je crois que ce n'était pas une vraie promesse. Je crois que je le savais d'ailleurs avant même notre départ... Mon anniversaire arrive dans deux mois, et je crains qu'il ne soit pas de la fête.

(Pardonne-moi encore, daddydounet, mais il fallait que je leur dise. Ce sont mes amis – mes tout premiers amis! –, et je leur devais la stricte vérité... Et à moi aussi, je me devais la stricte vérité, tu ne crois pas?... Pendant quelques secondes, plus personne n'a bougé, n'a osé rien dire. Nous n'étions pas au bord des larmes... mais presque.)

Marie se secoua et s'exclama:

—Oh ne crains rien, Amélie! Nous allons t'organiser une superbe partie d'anniversaire!

—Avec un menu exclusivement composé de mets au chocolat! ajouta Robert en riant.

—Il faut au moins une salade au brocoli, rappela Marie.

—Des brocolis avec sauce au chocolat blanc? proposa Amélie.

—J'en parle à ma mère dès ce soir!

Chapitre 4

Au bout d'un corridor plus sombre et plus poussiéreux que les autres, ils se retrouvèrent enfin devant une énorme porte de métal rouillé.

— La Chambre De Toutes Les Horreurs, annonça Marie lentement.

Les trois amis avaient braqués leurs lampes de poche sur la porte. Les trois faisceaux tremblaient-ils? Oh oui, un peu! Ou, comme aurait dit Robert: un peu et même beaucoup!

— Vous n'êtes jamais entrés là-dedans? demanda Amélie.

Ces taches, ces larges taches qu'on retrouvait éparpillées sur la porte : de la rouille... ou du sang?

— Non, répondit Marie, jamais.

— De toute manière, elle est verrouillée, précisa Robert.

Amélie s'approcha, agrippa la poignée (qui lui sembla anormalement froide) et poussa. En grinçant, la porte s'ouvrit de quelques centimètres.

— Qui vous a dit qu'elle était verrouillée, cette porte-là? fit Amélie.

Marie toussota, puis avoua d'une voix timide :

— Ben... elle *semblait* verrouillée.

— Et on avait autre chose à faire, dit Robert.

— C'est vrai qu'il y a tellement de recoins à explorer dans les catacombes ! ajouta Marie.

Amélie eut un petit rire et déclara :

— Pour ma première aventure au sein du Club des bizarroïdes, je veux explorer la Chambre De Toutes Les Horreurs !

La jeune fille ouvrit la porte toute grande. Aussitôt une forte odeur de moisi et un courant d'air froid les accueillirent comme autant de fantômes avides de nouvelles victimes. Les trois amis se serrèrent les uns contre les autres.

— Peut-être qu'on devrait revenir plus tard ? proposa Robert.

— C'est vrai, dit Marie. J'ai comme un petit creux. Nous pourrions prendre une collation... Juste pour refaire nos forces, vous savez...

Amélie prit une grande respiration. Elle fit quelques pas dans la pièce. Puis quelques autres. Et quelques autres encore... Et disparut, comme happée par l'obscurité.

— Amélie Blanche! lança Marie. Reviens ici!

Après quelques secondes, la voix de leur amie leur parvint alors, comme éteinte par la distance:

— À Paris, toute petite, avec mes parents, j'ai visité un musée. Il y avait partout des odeurs... de momies!

— Tu crois qu'il y a des momies là-dedans? demanda Robert.

Il avança à son tour. Il ne voyait plus le faisceau de lumière de la lampe de poche d'Amélie. Il entra dans la Chambre De Toutes Les Horreurs. Marie le suivit de très près.

— Faites attention de ne pas trébucher ! fit la voix d'Amélie. Il y a des tas de boîtes partout.

— Il doit bien y avoir un commutateur quelque part, dit Marie.

Robert balaya la pièce de sa lampe de poche : ici, le plafond semblait plus bas qu'ailleurs ; un réseau de vieux tuyaux le traversait en tous sens ; des boîtes, empilées de chaque côté de la pièce, menaçaient de tomber et ne laissaient qu'un étroit couloir pour avancer. À quelques pas de là, ce couloir formait un T avec un autre : voilà où Amélie avait disparu.

— Je l'ai trouvé ! fit Marie.

Aussitôt deux vieilles ampoules éclairèrent la pièce. Avec difficulté.

— Moi, dit Amélie en réapparaissant au bout du couloir, je n'ai pas trouvé d'horreurs.

Elle eut un grand sourire et ajouta :

— Mais j'ai trouvé un mystère !

Chapitre 5

— Ce ne sont que des boîtes de livres, dit Marie d'un ton déçu.

— Il y en a partout dans les catacombes, ajouta Robert.

— Des livres sans photos et sans images en couleur.

— Des manuels scolaires qui datent de la plus Haute Antiquité.

— Où le vois-tu, ton mystère, Amélie Blanche?

Depuis quelques minutes, Amélie déplaçait des boîtes de livres et éternuait. Une boîte, un éternuement. Une autre boîte, un autre éternuement.

Assis un peu à l'écart, Marie et Robert la regardaient travailler.

— Où le vois-tu, ton mystère, Amélie Blanche? répéta Marie.

— Vous le verrez bien quand – atchoum! – j'aurai terminé.

L'immense pile de boîtes à laquelle elle s'était attaquée avait diminué de moitié.

— Les truffes aux petits fruits verts sont excellentes, commenta Robert.

— Un goût très... euh... européen, ajouta Marie. Tu aimerais, Amélie.

— J'es – atchoum! – père que vous allez m'en garder au moins une, n'est-ce pas? demanda Amélie.

Elle s'arrêta un instant pour souffler. Elle regarda la pile de boîtes.

— Si vous m'aidiez, les amis, nous n'en aurions que pour cinq minutes à peine.

Elle ajouta avec un sourire:

— Le mystère se cache derrière ces vieilles boîtes.

— Comment peut-elle savoir?... murmura Marie.

Robert fronça les sourcils. Il regarda distraitement au-dessus de la tête d'Amélie.

— Aucune idée, murmura-t-il aussi. Je crois que… Oh!

— Tu vois maintenant, n'est-ce pas? demanda Amélie.

— Moi, je ne vois rien, annonça Marie.

Mais Robert bondissait sur ses pieds.

— Vite, Marie! Viens!

Et déjà il prêtait main forte à Amélie.

— Je vois! Je vois! lança Marie en se joignant à eux.

Puis, empoignant une boîte, elle demanda:

— Que pensez-vous que c'est?

— L'entrée de la *véritable* Chambre De Toutes Les Horreurs! répondit Amélie en riant.

Chapitre 6

—Quelqu'un avait dissimulé cette porte, dit Marie.

—Pourquoi la cacher? demanda Robert.

—Afin que personne ne l'ouvre, répondit Marie.

—Pourquoi empêcher les gens de l'ouvrir? questionna encore Robert.

—Allons donc! fit Marie. Parce que c'est une porte *secrète*!

—C'est une *vieille* porte secrète, ajouta Amélie. Vous avez remarqué? Elle est toute en bois. Pas en métal comme les autres.

—Où mène-t-elle? reprit Robert (qui rageait intérieurement de n'avoir que des questions en tête, jamais de réponses).

— Dehors? songea Marie.

Il n'y avait pas de verrou ni de cadenas.

Robert pensa: « Pourquoi ne pas l'ouvrir pour voir où elle mène? »

Marie s'exclama alors:

— Pourquoi ne pas l'ouvrir pour voir où elle mène?

Amélie se demanda comment elle avait fait pendant des années pour exister sans de telles aventures. D'accord, peut-être qu'il ne s'agissait pas de folles aventures, et sans doute qu'il n'y aurait aucune poursuite en automobile, et Amélie n'avait toujours pas vu le bout du bout du nez d'un seul monstre, mais tout de même… Sans trop réfléchir, elle ouvrit la porte.

Un escalier de pierre s'enfonçait dans l'obscurité devant eux.

— Il y aurait des catacombes *sous* les catacombes ? s'exclama Amélie en mettant le pied sur la première marche. Je veux voir !

Armés de leurs lampes de poche, les trois amis descendirent. Ils comptèrent exactement treize marches. « C'est malchanceux, ça », pensa Amélie. L'escalier débouchait sur un nouveau corridor dont les parois de brique sombre suintaient l'humidité.

— Vous vous rendez compte? fit Amélie. Personne n'est passé ici depuis des années!

Les amis avancèrent lentement. Un adulte aurait dû pencher la tête pour emprunter ce corridor dont on n'arrivait pas à distinguer l'extrémité.

— Nous allons traverser la ville au complet ! fit Marie après quelques minutes.

— Est-ce qu'il y a des rats ici ? murmura Robert qui, d'habitude, n'avait pas peur de ces bestioles.

— S'il y en a, dit Marie, ce sont de très vieux rats.

— Des rats albinos, ajouta Amélie, de vieux rats albinos tout dodus qui vivent dans l'obscurité depuis des siècles.

Ils arrivèrent enfin au bout du corridor. Un nouvel escalier, répondant au premier, grimpait dans le noir.

— Nous allons faire une découverte exceptionnelle ! lança Amélie.

Robert lui mit la main sur l'épaule et dit :

— Pour ta première journée dans le Club des bizarroïdes, avoue que tu ne t'ennuies pas!

Chapitre 7

— Nous sommes dans la maison du Député! annonça Marie avec un grand sourire.

— La maison la plus hantée de la ville! ajouta Robert. Ma mère dit qu'elle est abandonnée depuis soixante-dix ans!

Les ombres se pourchassaient dans la poussière. Les lattes des vieux planchers craquaient à faire peur.

Plus tôt, au haut du second escalier de pierre, les amis avaient trouvé une nouvelle porte, entrouverte celle-là, qui donnait sur un sous-sol bas et humide. En face d'eux, planté dans la terre battue, un petit escalier en bois, tout tordu, les avait menés au rez-de-chaussée.

— Je sais de quelle maison vous parlez! lança Amélie. Je la vois de la fenêtre de ma chambre!

Peut-être avait-on abandonné cette maison depuis plus de soixante-dix ans, mais il semblait aussi qu'on l'avait fait en toute hâte.

— Ils n'ont même pas enlevé les cadres sur les murs, fit Marie.

Dans le grand hall, on trouvait encore certains meubles des anciens propriétaires: un guéridon sur lequel était déposé un pot de porcelaine chinoise, deux petites tables de bois sombre, un coffre, une patère, une étagère bancale dans laquelle on pouvait voir quelques livres et une statuette d'allure antique.

Robert s'avança jusqu'à la porte avant de la maison. Il tourna et tira la poignée quelques secondes.

—Verrouillé, annonça-t-il.

—Parfait! dit Amélie. Ainsi, personne ne nous surprendra.

—Si nous sommes discrets, ajouta Marie, on ne pourra jamais deviner que nous sommes ici. Je suis passée souvent devant la maison du Député: la moitié des fenêtres sont condamnées.

—Nous n'aurions qu'à placer de grands cartons devant les autres fenêtres et nous serions à l'abri des regards, proposa Amélie.

Ils se regardèrent un instant. L'idée leur vint en même temps.

—Cette maison est à nous maintenant! lancèrent-ils à l'unisson.

—Ce sera le plus grand club secret du monde! fit Marie.

—Avec le plus petit nombre de membres! conclut Robert.

—Nous avons nos catacombes… commença Marie.

—… Ainsi que la Maison De Toutes Les Horreurs! compléta Amélie.

Ils consacrèrent l'avant-midi et une partie de l'après-midi à explorer la maison, sa vingtaine de pièces, ses milliers de recoins.

—Qui vivait ici? demanda Amélie alors qu'ils s'étaient

enfin arrêtés dans la plus petite des chambres du premier étage pour goûter (les dernières truffes de Marie, les sandwiches au jambon de campagne d'Amélie et les brocolis de Robert, le tout arrosé de ¡Bravo! Cola un peu tiède).

—Le Député et sa famille, répondit Marie en regardant autour d'elle.

Ils avaient dû épousseter près d'un centimètre de poussière avant de s'asseoir par terre. La lumière du jour entrait par une fenêtre aux carreaux crasseux où étaient accrochés des rideaux de dentelle trouée. Ils avaient rangé les lampes de poche afin d'en ménager les piles. «Jadis, avait remarqué Robert, cette pièce a sûrement servi de chambre à un enfant. » En effet, on y voyait un petit bureau, où il manquait deux des trois tiroirs, et un lit étroit dont il ne subsistait plus que le sommier de métal. La porte de la garde-robe était entrouverte. Amélie se promettait d'aller y jeter un coup d'œil dès qu'elle aurait terminé son sandwich.

—Le « Député »? fit-elle.

—L'homme le plus riche de la ville, continua Marie. À une certaine époque, au début du siècle dernier, presque toute la ville lui appartenait.

—C'est d'ailleurs lui qui a fait construire l'école, ajouta Robert.

—Qui ne s'appelait pas « Soleil du millénaire », mais « Collège classique Molière », expliqua Marie. Papa me l'a dit.

Amélie se gratta la tête. Elle demanda:

—Mais pourquoi creuser un tunnel entre la maison et le collège?

—Pour faire de la contrebande de manuels scolaires? proposa Marie avec un sourire.

Robert haussa les épaules.

—Lorsqu'on est très riche, on peut faire plein de choses sans jamais les justifier à qui que ce soit.

Amélie avala la dernière bouchée de son sandwich. Elle se leva et traversa la petite pièce jusqu'à la garde-robe. Elle ouvrit la porte.

—Oh! fit-elle.

Elle fit un signe à ses amis.

—J'ai découvert un trésor! fit-elle alors qu'ils la rejoignaient.

—Ce n'est qu'un vieux coffre, dit Marie. On en a déjà trouvé une douzaine, et ils étaient tous vides.

Amélie mit les poings sur ses hanches. Elle regarda le vieux coffre de bois orné de bandes de métal rouillé : un coffre de pirate, mais en plus petit.

—Celui-ci ne sera pas vide, affirma-t-elle.

—Comment peux-tu le savoir? demanda Marie.

—Celui-ci ne sera pas vide, répéta-t-elle d'un ton obstiné.

Elle sortit le coffre et le traîna jusqu'au centre de la pièce.

—Plus lourd que les autres, souffla-t-elle.

Le couvercle résista quelques secondes.

—Verrouillé? demanda Robert.

—Juste rouillé, répondit Amélie en tirant de toutes ses forces.

Après quelques craquements, quelques grincements de protestation, le coffre s'ouvrit enfin.

—Je vous l'avais dit! s'exclama Amélie. Un trésor!

Le coffre ne contenait pas d'or, ni de bijoux sans prix. Il contenait plutôt...

—Des photos! fit Robert par-dessus son épaule.

—Rien que des photos? demanda Marie.

—C'est mieux que des manuels de français, répliqua Robert.

—Nous allons peut-être découvrir ce dont avait l'air le Député, conclut Amélie en plongeant les mains dans le coffre.

Il y en avait des dizaines et des dizaines!

Des photos en brun et blanc, comme Amélie en avait vu chez sa grand-mère, en Bretagne.

Des gens vêtus de drôles de costumes qui ne semblaient pas confortables du tout.

Des gens qui ne souriaient jamais.

Les amis étalèrent les photos sur le plancher, dans la lumière qui commençait à baisser.

Deux personnes revenaient souvent: fort probablement le Député et son épouse. L'homme, moustachu, avait l'air très sérieux et la femme, très lasse. On voyait souvent le Député debout, entouré d'une demi-douzaine de messieurs tout aussi sérieux que lui.

—Le voilà devant notre école! fit Robert.

L'école n'avait presque pas changé depuis le début des années 1900, sauf pour le gros prunier qu'on trouvait aujourd'hui près de la porte principale: il n'avait pas encore été planté lorsque la photo avait été prise. Le Député avait les bras croisés sur la poitrine et on voyait, derrière lui, vingt ou trente garçons moroses tous habillés de costumes sombres.

—Je n'aurais pas aimé aller à l'école à cette époque-là! lança Robert avec un frisson. Ç'a l'air d'une prison!

Amélie plaçait d'autres photos sur le plancher. Elle fronça les sourcils.

—À part les élèves de l'école, vous avez vu un enfant là-dedans? demanda-t-elle.

Marie et Robert échangèrent un regard.

—Non, fit Marie.

—Pourtant, dit Amélie, il devait bien y en avoir un. Un garçon ou une fille. Ici, c'est sa chambre.

—Tu as sorti toutes les photos? demanda Robert.

—Oui... non, pas tout à fait, répondit Amélie, plongeant la main au fond du coffre et en ressortant une grande enveloppe sur laquelle deux mots étaient écrits d'une main appliquée:

—Nous touchons au but! lança-t-elle.

Ils s'approchèrent de la fenêtre. Amélie ouvrit l'enveloppe. Elle en tira une grande photo montée sur un carton fort. Une photo de famille.

Comme d'habitude, le Député semblait habillé pour un enterrement. Sa grosse moustache cachait à peine une grimace maussade. Debout derrière la causeuse, il paraissait menaçant.

—Hou! s'exclama Marie. Aussi bien un père absent qu'un père comme lui!

La mère semblait si lasse, assise sur le bord de la causeuse, et les cernes sous ses yeux si sombres, qu'on pouvait se demander si elle n'allait pas bientôt s'évanouir.

Seule leur fille avait l'air vivante, avec ses grands yeux clairs, son petit nez en trompette, ses lèvres qui semblaient prêtes à sourire (mais qui n'osaient pas tout à fait). Quel âge avait-elle ? Huit, neuf, dix ans? Impossible à deviner.

— Elle est jolie, fit Amélie.

— Quel était son prénom, vous pensez? demanda Robert.

— Hectorine? proposa Marie.

— Amandine? avança Amélie.

— Quel âge aurait-elle aujourd'hui? songea Robert.

— Sans doute centenaire, notre Hermine, fit Marie.

Robert claqua des doigts. Il dit (rapidement, avant que Marie le prenne de vitesse) :

—Je sais, moi! Dès lundi, nous allons faire des recherches à la bibliothèque municipale. Ainsi, nous pourrons peut-être savoir comme leur fille s'appelait et pourquoi ils sont partis tous les trois en abandonnant presque tout leur mobilier derrière eux.

Marie jeta un coup d'œil à sa montre. Elle annonça:

—Il se fait tard. Pourquoi vous ne viendriez pas manger chez moi?

—Je ne sais pas, fit Amélie. Je crois que j'ai suffisamment bouffé de chocolat pour une journée!

Ils rangèrent les photos dans le coffre et le coffre dans la garde-robe.

Robert avait conservé la photo de famille.

— Je pourrais la faire encadrer et l'installer dans notre quartier général, proposa-t-il.

Marie hocha la tête.

— Bonne idée, dit-elle.

Puis elle ajouta :

— Puisque cette maison nous appartient dorénavant, il faudrait aménager un deuxième quartier général.

— Utilisons la chambre de Bénédictine, fit Amélie. Nous pourrons mettre sa photo à l'honneur. Elle sera notre marraine.

— Bonne idée, dit Robert, et je…

Robert avait voulu jeter un dernier coup d'œil à la photo avant de la remettre dans son enveloppe. Maintenant, il avait l'air si étonné que Marie et Amélie demandèrent en même temps :

—Qu'y a-t-il, Robert?

—C'est impossible! s'exclama Robert en secouant la tête.

—Quoi? fit Marie. Ça ne va pas?

Marie et Amélie regardèrent la photo longtemps sans comprendre. (Non, ne craignez rien: les personnages ne tiraient pas la langue, ils ne portaient pas non plus des vestes de clown et ils n'avaient pas changé de place autour du canapé. Ça n'arrive que dans les romans d'horreur!)

—Vous ne voyez rien de... particulier? demanda Robert qui paraissait un peu pâle.

Quelques secondes encore. Puis Amélie sursauta:

—Oh! Ses doigts!

La jeune fille était sagement assise, comme sa mère, sur le bord du canapé.

Enfant de bonne famille, elle ne croisait pas les bras. Elle gardait ses mains posées à plat sur ses genoux.

—Je ne vois rien, moi, dit Marie.

—Allez, insista Amélie, regarde!

Marie fronça les sourcils. À première vue, rien ne semblait hors de l'ordinaire. Bon, d'accord, elle avait de jolies mains, Clémentine, avec des doigts longs et fins, des doigts d'artiste, comme on dit. «Elle est peut-être devenue pianiste, plus tard, pensa Marie. Certains ont toute la chance, alors que moi, je…»

Elle s'arrêta soudain. Elle s'écria:

—Oh! Ses doigts!

Eh oui, ses doigts…

Comme nos trois amis, observez attentivement les mains de Zéphirine.

Comptez lentement, en partant de la gauche et en terminant à droite.

1… 2… 3… 4… 5… 6… 7… 8…

Stop! Assez!

—Est-ce que je rêve? s'exclama Marie. Elle est comme moi! Elle n'a que quatre doigts par main!

À suivre…

Lisez la suite des aventures de Marie, Robert et Amélie dans le prochain tome du grand roman palpitant de Nathalie Noire!

Épilogue

Robert, j'ai besoin de plus de maïs soufflé ! Des émotions comme celles-là, ça me creuse l'appétit !

Je sais qu'il s'agira de notre troisième bol, mais…

Toi aussi, Amélie ? Avec plus de beurre fondu cette fois ? Excellente idée : rien de tel que du maïs soufflé bien chaud et bien beurré pour se calmer… et pour réfléchir.

Allez, Robert ! Je suis sûre que ta mère comprendra.

Oui, Amélie, tu as raison : ne va surtout pas raconter à ta

mère ce qui nous arrive. Dis-lui plutôt que tu dois satisfaire l'appétit dévorant de deux gourmandes en pleine crise de croissance. Ça la fera rire et l'empêchera de poser trop de questions indiscrètes.

C'est ça, reviens vite!

... Tu dis qu'il est gentil, Robert? Bien sûr qu'il est gentil, mon Robert. Enfin, *notre* Robert... Car c'est *ton* Robert aussi, n'est-ce pas? Ou... ne serait-ce pas plutôt ton Robert *surtout*?

D'accord, d'accord, ne fais pas cette tête-là, Amélie Blanche!

Peu importe tes protestations, j'ai deux yeux pour voir, et j'ai également deux petits doigts qui me racontent des choses... Vous ne vous teniez pas par la main tantôt, toi et

Robert, en revenant des catacombes?

Ah non? Je me trompe? Eh ben, j'aurais cru…

Enfin. De toute manière, sois certaine que Marie Gadouas sait garder un secret. Oh oui! Muette comme une carpe, la Marie Quatdoigts. La discrétion incarnée. Motus et bouche cousue. Pas un mot plus haut que…

Oui, oui, je sais, nous avons un mystère à résoudre! Pas besoin de me donner des coups de coude!

Justement, comme mystère, on ne pourrait pas demander plus… euh… mystérieux.

Tu te rends compte, Amélie Blanche? Nous vivons dans une banlieue minuscule. Presque un village. On n'y trouve même pas un seul centre commercial ! Je ne connais rien au calcul des probabilités, moi, mais avoue que les chances sont minces pour que, dans une ville comme la nôtre, deux personnes naissent avec quatre doigts seulement à chaque main.

Qui peut-elle bien être, cette fille ?

Et pourquoi n'en ai-je jamais entendu parler ?

Oh, tout se sait ici, Amélie ! Les rumeurs et les ragots courent plus vite que Pinotte lorsqu'il a une cible dans sa mire !

Comment allons-nous découvrir la vérité ?

Qu'est-ce que tu dis ? Des détectives ? Agir comme des détectives ? Flairer les indices et débusquer les coupables ?

Bonne idée ! Nous devrions d'ailleurs…

Tiens, déjà de retour, Robert? Ah! Ta mère avait prévu le coup et préparé… *deux* bols de maïs soufflé? Quel bonheur!

Comme je disais, nous devrions…

Eh Robert, tu m'as coupé la parole! J'allais justement le dire, moi, qu'il fallait changer le nom de notre club!

C'était ton idée? Tu l'as proposée en premier?

Mais, mon cher Robert, personne ne t'empêche de…

Bon, d'accord, je parle trop parfois…

Puisque nous sommes trois membres, passons donc au vote démocratique.

Tous ceux qui appuient la proposition de Robert Dumas ici présent, à l'effet que le Club des bizarroïdes se nomme dorénavant « L'Agence de détectives Bizarroïdes et compagnie », levez la main :

1... 2... 3...

Adoptée à l'unanimité !

Maintenant, pour du jamais vu : observez Marie Quatdoigts qui va effectuer un saut périlleux arrière dans un grand bol de maïs soufflé !